조용한 전환

조용한 전환
— 3.11이 열어 준 가능성의 공간들

ⓒ 후쿠시마 미노리, 2015

2015년 3월 11일 처음 펴냄
2015년 11월 23일 초판 2쇄 찍음

글쓴이 | 후쿠시마 미노리
기획·편집 | 이진주, 설원민, 김도연
출판자문위원 | 이상대, 박진환
디자인 | 이수정, 박대성
종이 | 화인페이퍼
인쇄 | 보진재
제작 | 세종 PNP

펴낸이 | 김기언
펴낸곳 | 교육공동체 벗
이사장 | 임덕연
사무국 | 최은정, 최승훈, 이진주, 설원민, 김도연, 김기언
출판등록 | 제2011-000022호(2011년 1월 14일)
주소 | 서울시 마포구 성미산로1길 30 2층
전화 | 02-332-0712, 070-4084-0712
전송 | 0505-115-0712
홈페이지 | communebut.com
카페 | cafe.daum.net/communebut

ISBN 978-89-6880-019-1 03330

이 도서의 국립중앙도서관 출판예정도서목록(CIP)은 서지정보유통지원시스템
홈페이지(seoji.nl.go.kr)와 국가자료공동목록시스템(www.nl.go.kr/kolisnet)에서
이용하실 수 있습니다. (CIP제어번호: CIP2015007270)

YOUTH REPORT OO3

조용한 전환

3.11이 열어 준 가능성의 공간들

후쿠시마 미노리 씀

교육공동체 벗

청(소)년 담론이 봇물 터지듯 쏟아져 나오던 시기가 있었다. 1990년대 중반, 이른바 '신세대' 담론의 등장과 함께 원조 교제, 가출, 일진, 왕따 등이 사회적 문제가 되었고 이해할 수 없는 '요즘 아이들'을 이해하기 위해 많은 언어들이 쏟아졌다. 하지만 그것들 중 대다수는 지나친 리얼함으로 오히려 현실을 과장하거나 현학적 접근들로 현실에서 미끄러지고 말았다.

그로부터 20여 년의 세월이 흐른 지금, 청(소)년은 어떤 존재인가. 십 대들은 여전히 미래의 희망("우리 아이들을 지켜 주세요")이지만 말 걸기도 무서운 병증의 환자(중2병 현상)이기도 하다. 이십 대들은 미래에 대한 불안 속에 현재를 살아가는 안타까운 청춘(88만원 세대론)이기도 하지만 동시에 자기밖에 모르는 이기주의자들(이십 대 개새끼론)이다. 기성세대들의 필요에 따라 다양한 모습으로 호출되는 그들은 20년 전 그때나 지금이나 청(소)년 담론 안에 없다.

한편 세대론에서조차 배제된 자들이 있다. 청(소)년 세대를 특정한 틀에 가두려 할수록 이들의 목소리는 소외된다. 대학 반값 등록금 정책이 정치적 이슈가 될수록 대학을 다니지 않는 청년들의 목소리는 작아지고, 학생인권조례가 학교 밖 청소년들의 다양한 삶의 결까지 담아내지는 못하는 것처럼 말이다.

유스리포트는 '미래 세대로서의 청(소)년'에게 부과되는 사회적 기대나 통념을 걷어 내고 현재를 살아가고 있는 존재로서 청(소)년들의 삶을 증언하고자 한다. 청(소)년들의 구체적인 삶의 모습과 고민을 교육, 노동, 성, 사랑, 폭력, 가난, 소외, 관계 등 다양한 범주에서 조명할 것이다. 기존의 청(소)년 담론의 주제가 되지 못했던 비주류, 소수자의 이야기도 담을 것이다. 또한 삶의 한 단면만을 놓고 평가하는 손쉬움을 포기하고 그들의 삶을 둘러싼 사회경제적 배경을 함께 읽고자 한다. 그것은 문화적 다양성의 관점에서 청(소)년 문화가 사회적으로 소통되고 의미를 가질 수 있도록 하는 작업이기도 하다.

때로는 누군가가 대신해 그들의 목소리를 전할 것이며, 때로는 그들 스스로 자신의 이야기를 할 것이다. 섣부른 진단이나 분석은 하지 않으려 한다. '혐오론'이든 '희망론'이든 청(소)년을 특정한 프레임에 가두려는 욕망에서 벗어날 때 우리는 비로소 그들에 대해 이야기할 수 있는, 그리고 그들의 이야기를 들을 수 있는 출발선에 설 수 있을 것이다. 그들의 삶을 읽는 것은 곧 우리 시대, 우리 사회를 읽는 것이기도 하다.

교육공동체 벗

| 차례 |

| 이 책에 자주 등장하는 용어들 |

● **네트카페 난민**ネットカフェ難民

지금까지 지내 온 주택이나 기숙사 등의 주거 공간에서 여러 가지 사정으로 인해 퇴거당해, 일정한 거처 없이 24시간 영업하는 인터넷 카페나 만화방 등에서 숙식을 해결하는 사람들을 일컫는다. 이러한 공간에서 밤을 지새우고 주로 '하루고용·파견노동'이라고 불리는 고용 형태로 생활을 유지해 간다.

● **니트**NEET, ニート

일하지 않고 일할 의지도 없는 청년 무직자를 뜻하는 말. 'Not in Education, Employment or Training'의 줄임말이다.

● **로스트 제너레이션**Lost Generation, ロストジェネレーション

버블 경제 붕괴 후 1990년대부터 시작된 취직 빙하기 세대를 지칭하는 말. 대학을 졸업할 때 취직 빙하기를 맞이해, 글로벌화, 신자유주의적 구조 조정으로 점차 가속화된 격차사회의 한가운데서 내팽개쳐진 세대이다. 이들은 고용 기회를 균등하게 제공받지 못했을 뿐만 아니라 장기 경제 불황 속에서 정규 고용은 물론 재취직이라는 재도전의 길도 막혀 버린, 가장 손해를 본 가난한 세대라고 할 수 있다. 2008년의 금융위기에 의한 '파견 노동자의 대량 해고派遣切り'의 피해자도, 비정규직 노동자가 많은 이 세대에 집중되어 있다.

● **와카모노**若者

일본에서 청년 세대를 이야기할 때 흔히 쓰이는 말. 한국어로 번역하면 '젊은이'에 해당하는데, 특정한 연령대를 지칭하거나 시대성을 담지 않은 애매한 표현이다. 연령대로 보면 15세부터 34세까지 꽤 넓은 연령층을 아우르는 이 와카모노라는 말은 어른의 반대말, 즉 '어른' 대 '젊은이'라는 이분법적인 방식으로 쓰이며 일본어로 '오토나大人'라는 말과 한 쌍을 이루고 있다.

● **파라사이트 싱글Parasite single, パラサイトシングル**

20대, 30대가 되어도 부모로부터 독립하지 않는 독신자를 말한다. 부모 곁을 떠나지 않고 주거비와 식비를 모두 부모에게 의지하며 자신의 월급은 취미 생활에 사용하거나 월급이 적다는 이유로 부모로부터 여전히 용돈을 받는다.

● **프레카리아트precariat, プレカリアート**

'불안정한precarious'과 '프롤레타리아트proletariat'를 합성한 조어로 불안정한 고용·노동 상황에 놓인 비정규직·파견직·실업자·노숙자 들을 총칭한다.

● **프리타freeter, フリーター**

'자유로운free'에 '아르바이트를 하는 사람Arbeiter'을 붙여 만든 말. 이 말이 쓰이기 시작한 1980년대 중반에는 '직장에 얽매이지 않고, 자기가 편한 시간에 아르바이트를 하고, 남는 시간에 좋아하는 일을 하며 살아가는 사람'이라는 긍정적인 의미로 쓰였지만, 1990년대 초반부터 일본 경제가 침체기에 들어가면서 아르바이트로 생계를 이어 가는 청년들을 지칭하는 부정적인 의미로 쓰이기 시작했다.

● **히키코모리ひきこもり**

'틀어박히다'라는 뜻의 일본어 '히키코모루ひきこもる'의 명사형으로, 사회생활에 적응하지 못하고 집 안에만 틀어박혀 사는 사람들을 일컫는다.

공동의 과제를 위해 머리를 맞댄
한일 청년 세대를 그려 보며

2012년 1월 1일, 일본 교육방송ETレ의 신년 프로그램 〈신세대가 푼다! 일본의 딜레마新世代が解く!ニッポンのジレンマ〉의 '지진의 해로부터 희망의 해로震災の年から希望の年へ' 편을 보았을 때의 흥분을 지금도 잊을 수 없다. 3.11 이후 일본은 어디로 가야만 하는지를 토론하는 프로그램이었는데, 토론의 내용보다 흥미를 끈 것은 토론자로 나선 사람들이었다. 사회자를 포함해 열 명 정도의 논객들은 모두 1970년 이후 태어난 청년들이었다. 1970년 이후 태어난 세대를 일본에서는 흔히 로스트 제너레이션, 즉 '잃어버린 세대'라고 부른다. 이들은 버블 경제 붕괴 직후인 1990년대 초에 대학을 다녔고, 버블 경제 붕괴의 여파로 찾아온 취직 빙하기를 거친 세대이면서 동시에 지금 일본이 안고 있는 많은 과제들을

해결하도록 요구받고 있는 세대이기도 하다. 버블 경제 붕괴 이후 이어진 20년간의 장기 침체기를 일본에서는 '잃어버린 20년'이라고 부른다. 그런데 마침 20년간의 긴 잠을 깨우기라도 하듯 2011년 3월 11일 동일본대지진이 일어났다. 3.11은 전후 일본의 성장 신화 속에 감추어져 왔던 많은 문제들을 한꺼번에 노출시키는 계기가 되었다. 일본 교육방송에 출연한 청년 논객들은 장기 경제 침체, 연금 불안, 초고령화, 저출산, 양극화, 증세 문제 등 일본 사회가 안고 있는 수많은 문제들에 대해 '정부가 해야 할 일'과 '시민이 할 수 있는 일'을 나누고, 청년 세대가 할 수 있는 게 무엇인지 저마다의 관점에서 많은 이야기를 쏟아 냈다.

데모를 비롯해 다양한 방식으로 자신들이 살고 있는 사회에 대해 발언하기를 멈추지 않는 한국 청년 세대들을 보면서 나는 항상 일본의 청년들에 대해 뭔가 부족함을 느끼고 있었다. 그래서 한국 청년 세대들이 또 무슨 흥미로운 일을 벌이는지 항상 예의주시하면서 한국 사회를 필드워크해 왔다. 그런데 일본의 청년 세대들이 지금의 시대에 대해, 일본 사회에 대해, 자신들에 대해 이야기하기 시작한 것이다. 2012년 1월 1일의 그 토론 프로그램은 청년 세대가 비로소 자기 목소리를 내기 시작한 신호탄처럼 보였다. 그날 이후 분주히 서점으로 발걸음을 옮긴 나는 그동안 미처 확인하지 못한 청년 논객들의 청년론들을 읽어 나가기 시작했다. 그리고 이후 봇물처럼 쏟아져 나오는 청년들의 청년론들을 가리지 않고 읽었으며, 청년들이 모이고 발언하는 현장에도 발걸음을 옮겼다. 일본의 청년들이 풀려고 하는 문제들은 그동안 내가 필드워크해 온 한국의 청년 세대들이 씨름하고 있는 문제와 그다지 다르지 않았다. 나는 일본 청년 세대들의 이야기를 한국의 청년 세대에게 소개하고 싶어졌다. 한국과 일본의 청년들은 고도경제성장과 글로벌화로 이어지면서 생겨난 문제들을 함께 해결하기 위해 머리를 맞댈 수 있는 좋은 파트너라는 생각이 들었기 때문이다. 운 좋게도《오늘의 교육》은 나의 이런 생각에 동의해 흔쾌히 지면을 내주었다. 그렇게 해서 2012년 5월부터 1년 반 정도《오늘의 교육》에 '한일 청년 관찰기'라는 제목으로 일본 청년들의 이야기를 연재할 수 있었다. 이 책은 그때 연재한 글들을 기초로 한 것이다.

이 책은 '3.11'과 '청년 세대'라는 두 개에 키워드로 구성되어 있다. 3.11이라는 미증유의 사건은 지금까지와는 다른 세계(즉, 근대 자본주의사회와는 다른 세계)를 만들어 가도록 우리를 흔들어 깨웠는데, 여기에 누구보다 기민하게 반응한 쪽은 청년 세대였다. 역사를 되짚어 보면 새로운 시대로 넘어가려 할 때 사회는 항상 청년 세대를 호출해 왔다.

하지만 3.11을 전후한 일본 사회에서 청년 세대의 위치는 과거와 확연히 다르다. 버블 경제 붕괴 이후, 일본의 청년 세대는 사회를 변화시킬 것으로 기대되는 세대이기는커녕 도리어 사회적으로 그다지 쓸모없는 존재로, 심지어 민폐를 끼치는 존재로 여겨져 왔다. 기성세대들은 이들에게 프리타, 니트, 파라사이트 싱글 등 부정적인 딱지를 지속적으로 붙여 왔다. 청년들은 사회로부터 끊임없이 자기 책임론을 강요당해 왔고, 자신들이 뭔가 할 수 있을 거라는 생각을 가지지 못했다. 그런데, 자민당 정권 55년 체제가 막을 내린 2009년을 전후로 다양한 분야에서 청년들의 목소리가 쏟아져 나왔다. 그 속에는 기성의 지식인 못지않은 스케일로 지금의 일본 사회를 진단하고 미래를 디자인하는 청년들도 있었지만 그동안 숨죽이고 있던 청년들도 있었다. 이들이 일제히 자신들의 이야기를 쏟아 놓기 시작했다는 것이 내게는 무엇보다 중요하게 다가왔다. 기성세대가 이야기하는 청년론이 아니라 청년들에 의한 청년론이 본격적으로 시작된 것이다. 여기에 기름을 부은 것이 3.11이다.

나는 3.11을 전후 70년의 사회 구조, 삶의 방식과의 결별로 보는데, 책에서 이야기하는 3.11은 2011년 3월 11일에 발생한 동일본대지진이라는 사건과 반드시 인과관계를 가지고 있는 것은 아니다. 이 책에서 다룬 청년들의 목소리와 실천들은 시간적으로는 2011년 이전에 시작된 것들이 많다. 그러니까 3.11 이전부터 일본의 청년들은 이 사회로부터 무언가 채워지지 않는 갈증 같은 것을 느껴 왔고, 조금씩 다른 사회, 다른 삶의 방식으로 이

행하려 하고 있었는데, 그런 움직임이 마침 3.11을 만나면서 시대적, 사회적 맥락을 획득한 것 아닐까?

어쨌든, 이런 관점에서 나는 3.11이 준 충격을 청년들이 어떻게 받아들였고 어떤 행동으로 옮겼는지를 살펴보았다. 끝나지 않을 것 같은 무료한 일상을 보내던 일본의 청년들이 지진 피해 지역으로 가서 볼런티어 활동을 하면서 어떻게 바뀌어 가는지, 그리고 근래 일본에서는 드물었던 대규모 집회인 탈원전 데모에 참가하면서 어떻게 정치를 받아들이는지를 살펴보았다(2장).

또 지금 일본의 청년들(뿐만 아니라 한국을 포함한 다른 나라의 청년 세대들)을 둘러싼 주요한 키워드라고 할 수 있는 주거와 관계성(3장, 4장), 교육과 노동(5장, 6장), 여성과 결혼(7장), 서브컬처와 민주주의(8장), 후쿠시마(9장) 등에 대해 살펴보았다.

특히 세 장에 걸쳐 일본 청년 담론의 최전선에 서 있다고 할 수 있는 아즈마 히로키, 사카구치 교헤, 우노 츠네히로의 사상을 소개했는데(3장, 8장, 9장), 한국의 청년 지식인들과는 꽤 다른 색깔을 가진 일본 청년 지식인들의 상상력을 맛볼 수 있을 것이다. 이들의 상상력은 3.11과 청년 세대라는 이 책의 키워드와 너무나 잘 어울린다.

3.11로부터 만 4년이 지났다. 피해 지역으로 볼런티어 활동을 하러 나선 청년들, 탈원전 데모에 참가하는 청년들 등 청년들이

사회 전면에 나서는 모습을 보면서 일본의 민주주의의 가능성에 대해 한껏 기대를 가졌던 것도 잠시, 3년을 못 간 채 민주당 정권은 막을 내렸다. 정권을 탈환한 자민당은 표현의 자유를 가로막는 비밀보호법을 만들고, 평화헌법이라고 불리는 헌법 9조를 개정할 수 있는 조건을 착착 만들어 가고 있으며, 일본 사회는 급격히 보수화되고 있다. 자민당 정권은 심지어 장기 집권을 꾀할 목적으로 2014년 말 중의원을 해산하고 다시 중의원 선거를 치러 압도적으로 승리했다. 당분간 대안 정치 세력이 나올 수 없는 환경이 만들어진 것이다.

이뿐만이 아니다. 후쿠시마는 사람들의 기억 속에서 잊혀져 가고 있다. 한 여론 조사에서는 후쿠시마현민의 70%가 후쿠시마는 잊혀져 가고 있다고 대답했다(〈아사히朝日신문〉, 2014년 3월 14일). 2015년 1월 1일 방송된 일본 교육방송의 〈일본의 대전환 2015 ニッポンの大転換2015〉라는 토론 프로그램도 실망스럽긴 마찬가지였다. 앞에서 일본 청년 세대에게서 희망을 발견했다고 말했던 바로 그 프로그램이다. 대전환은커녕 무언가를 바꾸어 보고자 하는 적극적인 자세는 거의 보이지 않았고, 단어 선택에서 뭔가 조심하는 듯한 분위기마저 감지되었다. 게스트들이 바뀐 이유도 있겠지만 3년 전에 보았던 과감한 표현들은 완전히 사라졌고, 다툼이나 대립 자체를 피하려는 모습도 보였다.

그럼에도 실망하기는 이른 것 같다. 자민당 정권의 기세 때문에 청년들의 기세가 한풀 꺾인 것도 사실이지만, 청년 세대들이 3.11 이전에는 볼 수 없었던 다양한 발신들을 하고 있는 것 또한 사실이기 때문이다. 이 책에서 집중적으로 소개한 아즈마 히로키, 사카구치 교헤, 우노 츠네히로 등 많은 청년 논객들이 사회를 향해 새로운 아이디어를 끊임없이 발신하고 있다.

지난 주, 《도쿄 2020년 얼터너티브 올림픽 프로젝트東京2020 オルタナティブ・オリンピック・プロジェクト》(제2차행성개발위원회第二次惑星開発委員会, 2015)라는 책을 손에 넣고 나는 오랜만에 들뜬 기분이 되었다. 이 책은 우노 츠네히로가 편집장을 맡고 있는 비평지 《PLANETS》 제9호로 발간된 것이다. 2년 만에 출간된 《PLANETS》에는 2020년 도쿄올림픽을, 지금까지 경제성장을 슬로건으로 내세워 온 토건국가적인 프로젝트의 상징으로 자리매김하게 할 게 아니라, 저성장 시대 속에서 여러 가지 문제를 안고 있는 일본 사회를 문제 해결형 사회로 전환하는 계기로 삼자는 과감한 제안이 담겨 있다.

장애인과 비장애인이 함께 참여하는 패럴림픽, 동성애 결혼을 받아들이는 등 새로운 라이프스타일을 실천하는 도쿄만안東京湾岸 모델 도시, 체육 축제로서의 올림픽에 애니메이션, 만화 축제, 문화 축제 등을 곁들이는 하이브리드 올림픽 등 흥미로운 제안들로 가득 차 있다. 편집장인 우노는 다음과 같이 말한다.

"2020년은 도달점이 아니라 스타트다. 지금의 일본은, 좋은 옛날은 끝났고 이제는 황혼을 향해 가는 전후 세대와, 새로운 일본을 만들어 더욱 생기 있게 살아가려고 하는 21세기의 사람들(청년 세대)로 분단되어 있다. 2020년의 도쿄올림픽은 우리들이 이 사회의 주도권을 쥘 수 있을지 없을지를 결정하는 게임이다(우노 츠네히로,《PLANETS》, 9호)."

3.11 이후 일본의 청년 세대들은 각자의 자리에서 21세기형 사회 모델을 고민하고 실천하고 있다. 정치적인 차원과는 다른 차원에서 시대의 담지자로서의 청년들은 수면 아래에서 그 보폭을 조금씩 넓혀 가고 있다. 이런 일본의 청년 세대의 이야기가 한국의 청년 세대의 이야기와 분주히 만나기를 기대해 본다.

사실 이 책의 많은 아이디어는 조한혜정 선생님으로부터 배운 것이다. 한일 청년들의 모습을 해석하는 데 항상 차이에만 눈이 갔던 나에게 조한 선생님은 우선 공통성을 찾아내고, 그 공통의 문제의식으로부터 출발하지 않으면 안 된다는 것을 끊임없이 가르쳐 주셨다. 얼마만큼 성공했는지는 자신할 수 없지만 조한 선생님의 말씀은 바로 이 책의 문제의식이기도 하다. 청년들보다 더 청년 같은 조한혜정 선생님께 감사의 인사를 드린다.

2015년 3월
후쿠시마 미노리

1장

포스트 3.11,
일본의 청년 담론을 묻는다

접속이 안 되는 일본의 와카모노론

청년을 둘러싼 담론은 어느 시대, 어느 사회든 존재해 왔다. 그런데 많은 경우 청년 담론은, 기성세대에 의해 생산, 소비되어 왔다. 청년들이 가진 발랄한 에너지를 긍정하고 그 에너지가 가져올 변화를 주목하는 청년 담론이 전혀 없었던 것은 아니지만, 대부분의 경우 '문제아로서 청년'을 어떻게 기존의 사회에 통합시킬 것인가에 초점이 맞추어져 왔다. 최근의 일본 청년 담론 역시 이러한 일반적인 경향에서 크게 벗어나지 않는다. 그런데 더욱 큰 문제는 이렇게 생산, 소비되는 청년 담론도 이제는 출판계와 학계, 그리고 일부 보수 언론에서만 통용되고 있으며, 그 담론이 긍정적인가, 부정적인가를 떠나서 일본 사회에 그다지 큰 영향을 주지 못한다는 점이다.

그런 점에서 한국의 '88만원 세대'론과 그것을 둘러싸고 지난 몇 년간 전개되어 온 당사자운동은 신선하게 다가왔다. 한국 청년들은 이 담론에 공감하는 데 그치지 않고 88만원 세대론이 처음 제기한 것 이상으로 나아갔으며, 자기와 자기를 둘러싼 사회를 바꾸려는 모습을 하나둘씩 보여 주었다. 내가 한국에서 만난 사람들은, 비록 한정되어 있지만, 88만원 세대론에 공감하든 비판적이든 간에 그것에 대해서 이야기할 준비가 되어 있었다.

《88만원 세대》가 발간된 지 5년여 만인 2012년 3월 이 책의 저자 우석훈은 자신의 책에서 던진 문제의식에 걸맞은 한국 사회의 변화가 감지되고 있지 않다며 절판 선언을 했다. 책의 유통기한이 다했다고 그는 진단한 듯하다. 물론 그럴지도 모른다. 그러나 88만원 세대론이 점점 개인의 문제로 취급되고 있는 교육, 취업, 주거 등의 문제를 청년 세대가 공동의 문제로 인식하고 대처해야 한다는 것을 환기시켰다는 점을 평가하지 않을 수 없다. 그 책에서 촉발된 문제의식을 바탕으로 청년들은 소설, 다큐멘터리, 대중가요 등의 텍스트를 쏟아 내면서 88만원 세대론이 제기한 문제를 보다 구체화시켰으며, 그 뒤 반값등록금운동, 주거운동 등에서 볼 수 있듯 정치적 운동의 흐름까지 만들어 냈다. 이러한 청년들의 움직임은, 《88만원 세대》의 부제목인 '절망의

시대에 쓰는 희망의 경제학'이라는 말에서 알 수 있듯이, 청년들
이 자기들 앞에 놓여 있는 '절망적' 상황을 '우리들의 문제'로 인
식하며 '우리들의 희망'을 함께 찾아내려는 모습으로 보였다.

지시 대상이 모호한 '와카모노'

이러한 한국의 88만원 세대론에 비해, 요즘 일본의 청년 세대
를 둘러싼 담론은 시대성이 결여돼 있다. '와카모노'라는 말을
봐도 알 수 있다. 일본에서는 청년 세대를 이야기할 때 흔히 와
카모노라는 말을 쓴다. 와카모노는 한국어로 번역하면 '젊은이'
에 해당하는데, 특정한 연령대를 지칭하거나 시대성을 담지 않
은 애매한 표현이다. 연령대로 보면 15세부터 34세까지 꽤 넓은
연령층을 아우르는 이 와카모노라는 말은 '오토나大人, 어른'라는
말과 한 쌍을 이루고 있다. 지금까지의 일본의 청년 담론은 '오
토나' 대 '와카모노'라는 이항대립적인 틀에서만 논의되어 왔다
고 해도 과언이 아니다. 새로운 청년 담론이 계속해서 생산되고
있지만, 그 속에서 이야기되는 오토나와 와카모노는 명확한 지
시 대상이 없는 경우가 대부분이다. 구체적인 대상 없이 말만 혼
자 떠다니는 상태랄까.

이런 일본과 달리 한국에서는 젊은이라는 말이 일상생활에서
만 쓰이고, 청년 담론에서는 10대나 20대, 청소년, 청년, 혹은 대

학생이라는 말이 쓰인다. 즉, 한국에서는 젊은이에 대해서 이야기할 때 보다 세분화된 연령 구분이 존재하며, 일본보다는 훨씬 지시 대상이 구체적이다(물론 일본에서 청소년, 청년이라는 말을 쓰지 않는 것은 아니지만 이 표현은 주로 생애 주기의 어떤 단계를 지칭할 때나 주로 교육 차원에서 쓰인다).

한국에서는 '세대'라는 말이 흔히 쓰인다는 점도 일본과의 큰 차이점이다. 아마 1990년대 초 서태지로 대변되는 '신세대'의 등장부터였던 것 같다. 그때부터 그 이전 세대나 이후 세대에게 나름대로 상징적인 레벨을 붙이기 시작했다. '386세대', 'IMF 세대', '88만원 세대' 등 시대와 사건이 강조되는 표현이 대표적이다. 이러한 '세대'라는 말이 한국에서 즐겨 쓰이는 데는 지난 30~40여 년간 군사독재 정권과 고도경제성장, 민주화운동, 소비 사회의 등장, IMF 경제 위기 등 엄청난 변화를 겪은 배경이 있는 것 같다. 역사, 문화적 경험에 따른 세대 간의 가치관 충돌이 꽤 큰 것이다. 거기에 '젊은이'와 '어른'이라는 이항대립으로는 설명할 수 없는, 복수 세대의 공존이라는 현상도 있는 것 같다. 물론 언론 같은 데서 재미 삼아 붙인 세대론도 있고, 잠깐 통용되다가 사라지는 세대론도 많기 때문에 세대론에 대한 비판도 없지 않다. 더욱이 이런 '세대'적 시각은 그 대표성을 둘러싸고도 여러 문제가 제기된다. '대학 진학률이 80%를 넘는 한국에서 고졸 20대는 88만원 세대라고 할 수 있는가', '몇몇 정치인이나 성공한 기업인들이나 예술가들만이 386세대인가' 같은. 하지만, '386세대', '신세대', '88만원 세대' 등 몇 가지 세대론은 그 세대만의 사회적 조건과 시대성을 포괄하는 관점을 생산해 냈다는 점에서 여전히 유효하다.

반면, 일본의 와카모노론은 앞에서도 이야기했듯이 연령에 의한 구분도, 시대에 의한 구분도 보이지 않는다. 물론 일본에서도 1960년대 학생운동을 이끌었던 '전공투全共闘세대', '단카이団塊세대', 그리고 1980년대 이후 소비문화로 진입하면서 나타난 '신인류新人類세대' 등 시대적 의미가 포함되어 있는 세대론이 존재했다. 하지만 1990년대 버블 경제 붕괴 이후, 한 세대 내에서의 다양성에 대한 지적이 늘어나면서부터 세대론은 그 유효성을 잃어 갔다(물론 여기에는 일본 사회가 1990년대 이후 별다른 사회적 변화를 겪지 않았다는 점과 장기 불황에 빠져든 영향도 있다).

이런 배경 아래, 1990년대 이후의 와카모노론에서는 긍정적인 청년상은 크게 후퇴하면서 특징적, 문제적인 청년들만이 담론화되기 시작했다. 그 결과 와카모노론에 그 시대를 살아가는 청년 세대의 전체상을 조망하는 시각은 점점 사라져 갔다. 문제는 그것만이 아니다. 지시 대상이 불분명한 와카모노론들은 마음대로 '대상'을 해석해 버리는 위험성을 내포하고 있다. 일본 와카모노론의 가장 큰 문제점은 지시 대상의 불분명성 때문에 사회 구조나 시대성을 잃은 채 단지 당사자 비판(자기 책임론)을 확대재생산하는 기능만을 하고 있다는 것이다. 물론 고대 그리스 시대부터 청년들에 대한 비판은 있어 왔다고 하지만, 특히 요즘 생산되고 있는 일본의 와카모노론은 청년 세대들의 '사회적 포섭'은커녕 '사회적 배제'와 '분리'를 가져오고 있다.

'하류사회', 그리고 일본 와카모노론의 흐름

한국이나 일본의 청년 세대는 '사회적 약자'로 전락한 지 오래이다. 새로운 시대를 이끄는 에너지원으로 청년 세대를 이야기하던 때를 떠올리면 쉽게 알 수 있다. 사회적 약자이다 못해 미래 불안의 원인으로 지목되기도 한다. 일본의 경우, 1990년대 이후부터 현재까지 불황과 취업난, 그로 인한 청년 실업 문제가 이어지고 있으며, 이런 경기 침체의 장기화는 청년들을 더더욱 사회적 약자로 만들었다. 지난 20년간 청년들을 둘러싼 사회적 상황과 조건은 청년들 '개개인의 문제'로 취급되었고, '청년 비판'의 도구로 이용되는 청년 담론들이 생산되어 온 것이다. 급기야 최근 들어서 '청년 담론'은 '개인의 문제'에 덧붙여 '(청년 개개인의) 의욕의 문제'로까지 나아갔다. 2006년 한국에서도 번역된 미우라 아츠시三浦展의 《하류사회下流社会》(2005)는 그 포문을 연 책이다. 이 책의 요지는 청년들의 '하류화下流化'가 '소득의 저하'뿐만 아니라, '일하려는 의욕', '배우려는 의욕', 심지어는 '소비 의

욕' 등 '의욕의 저하'에 바탕을 두고 있다는 것이다. 즉 청년들의 하류화의 원인을 개인의 내밀한 심리적 문제에서 찾고 있다. 이 책이 출판되고 나서부터 '하류 지향'이라는 말이 유행하기 시작했고, '배우려고 하지 않는 아이', '일하려고 하지 않는 청년' 등의 제목을 단 책들이 줄줄이 나오면서 '청년 니트' 논의로까지 나아갔다.

그러나 한편에서는 이러한 청년 담론이 가진 부정적인 이미지에 대해 문제점을 지적하거나, 청년 문제의 원인을 사회 구조에서 찾아야 된다는 비판도 나오기 시작했다. 특히 고토 가즈토모後藤和智는 청년층을 명확한 근거 없이 과도하게 경시하는 담론을 '속류와카모노론俗流若者論'이라고 비판하면서, 프리타, 니트 담론 등이 청년들이 겪는 문제를 노동 정책이나 삶의 문제가 아니라 '지금 시대의 문제아들'이 가진 '특수한 문제'로 처리하고 있다고 지적한다(〈교육의 함정, 세대의 함정教育の罠, 世代の罠〉, 《반동! 젠더 프리는 왜 공격받는가バックラッシュ!なぜジェンダーフリーは叩かれたのか》, 2006). 이런 논쟁을 거치면서 2~3년 전부터 청년 당사자들에 의한 실천들이 미디어의 주목을 받게 된다. 이런 실천들은 한국에서도 여러 경로를 통해서 소개되었다. 대표적으로 니트, 히키코모리운동(후타가미 노우키二神能基, 구도 게이工藤啓), 비정규직, 프리타 등 생존의 위기에서 탈출을 호소하는 운동(아마미야 가린雨宮処凜), 가난해도 즐겁게 살려고 하는 빈곤지향운동(마츠모토 하지메

松本哉)을 들 수 있다.

자기 책임론을 내면화하고 있는 젊은이들

아마미야 가린이나 마츠모토 하지메는 한국에서도 주목받는 일본의 청년운동가이다. 이들의 책이 한국에 번역되어 나오기도 했고, 한국의 청년 문제 관련 세미나 등에 자주 초대받기도 한다.[1]

작가이자 활동가인 아마미야 가린은 2006년부터 '프레카리아트' 운동을 주도해 왔으며 프리타, 네트카페 난민, 파견 노동자로 일하면서 겨우 삶을 유지하는 청년들을 인터뷰한 책《살게 해 줘! 난민화하는 젊은이들生きさせる! 難民化する若者たち》(2010)로 일본 저널리스트회상을 받기도 했다. 이 책은 일본 사회에 대해 다음과 같은 선전포고로 시작하고 있다.

우리들은 반격을 개시한다. 젊은이들을 저임금으로 사용해 버리고, 그것으로 이익을 얻으면서 젊은이들을 두들겨 패는 모든 이들에 대해서 우리들은 반격을 개시한다. '자기 책임'이라는 이름 아래 사람들을 곤경에 몰아넣은 담론에 대해 우리는 반격을 개시

---

1 아마미야 가린은 한국에서 일어나는 다양한 저항운동을 직접 취재해서《성난 서울》(2009)이라는 책을 내기도 했다

한다. 경제지상주의, 시장원리주의 아래서 자기에게 투자하고, 능력을 계발하고, 치열한 생존 경쟁을 이겨 내고, 이겨 내고, 이겨 내서 가까스로 살아남는 정도의 자유밖에 주어지지 않는 것에, 우리는 반격을 개시한다.

그녀가 이러한 운동을 시작하게 된 데에는 그녀의 개인적인 삶이 큰 영향을 미쳤다. 아마미야 가린은 고등학교 졸업 후, 미술대학교에 진학하기 위해 도쿄東京에 올라왔다. 2년 동안 학원을 다니면서 재수 생활을 했지만 입시에 실패했고, 긴 시간 프리타 생활을 하게 된다. 저임금 노동, 임금 체불과 더불어 부당 해고까지 경험하면서 그녀는 자주 자해를 했다고 한다. 또 전기제품 가게에서 정사원으로 일했던 그녀의 남동생은 매일 3~4시간밖에 못 자고 매일매일 피로에 쌓인 채 출근하는 생활을 했지만, 일상생활도 제대로 못 할 정도의 저임금에 시달리다가 가족들의 설득으로 겨우 회사를 그만둘 수 있었다고 한다. 남동생이 저임금, 장시간 노동에도 좀처럼 회사를 그만두려고 하지 않았던 이유는 모처럼 얻은 정규직 자리를 놓치고 싶지 않았기 때문이다.
　이러한 현실을 접하면서 아마미야 가린이 깨달은 것은 대부분의 사람들이 자기 책임론을 내면화하고 있어서 사회 구조적 모순을 보지 못한다는 점이었다. 자기 책임론, 즉 개인을 둘러싼 문제가 개인의 자질에서 기인한다고 보는 관점은 '남한테 폐를 끼치면 안 된다'는 일본 특유의 문화에 그 뿌리를 두고 있기도 하다. 어느 정도 사회보장제도가 갖춰져 있는 일본이지만, 이런 자기 책임론이 워낙 강해서 생존의 최종 수단인 '생활보호' 신청도 하지 않은 채 자살하거나 굶어 죽는 사람들이 나온다. 최근 한국의 언론에도 심심치 않게 보도되는 일본의 고독사孤獨死는 이런 자기 책임론에 기인한다. 아마미야 가린은 현재 일본 사회에 횡행하는 경제지상주의, 시장원리라는 사회 구조적인 힘이 이런 자기 책임론을 더욱 강화시키고 있다고 진단하며, 사회적 약자들에게 '나쁜 사람은 당신이 아니'라고 외치고 있다. 그녀는 또 행동하는 실천가이기도 해서 임금 체불, 부당 해고 등 회사의 일방적인 통보에 의해서 피해를 입고 생존의 위기에 처해 있는 청년들이 법적으로 대응하거나 생활보호를 신청하는 일을 도와주고 있다.

한편 마츠모토 하지메는 격차사회格差社會[2]에 반란을 일으켜야 된다는 입장이다. 격차사회의 구조에 얽매이지 않고 가난해도 자유롭고 즐겁게 살아갈 수 있는 생활의 기술을 이야기하는 마츠모토는 도쿄의 서민 동네에서 태어났다. 그는 경제적으로 여유가 없는 가정들이 모여 사는 동네에서 자라면서 동네 사람들과의 교류를 통해 가난해도 재미있게 사는 경험을 했다고 한다.

---

2 격차사회는 소득, 교육(학력), 직업, 산업, 지역 등 사회 각 부문의 격차 문제를 말하는 것으로 한국의 사회 양극화와 비슷한 말이다.

고등학교 시절에는 작가가 되겠다고 말한 아버지가 갑자기 직장을 그만두어 먹을 것이 바닥나는 상황에 처하기도 했고 그런 와중에 어머니가 아나키스트가 되겠다며 산에 들어가서 부모는 이혼했다.

이러한 경험을 거친 마츠모토 하지메는 대학 시절 '전일본무일푼학생연합'을 결성해 학비, 학교 식당 요금 인상에 대한 투쟁, 캠퍼스에서 술 한잔 하는 '비어가든 투쟁', 대학 설명회에 온 고등학생들에게 대학에 대해 안 좋은 소문을 전하는 '가짜 오픈 캠퍼스' 개최 등 대학이라는 제도에 저항하는 다양한 투쟁을 전개했다. 현재는 리사이클숍 '가난뱅이의 반란'의 주인으로 'PSE법 반대'[3], '집세를 무료로 해라!' 등의 시위를 전개하기도 하고, 2007년에는 도쿄 스기나미杉並구 선거에 출마하기도 했다.

마츠모토는 자신의 활동을 더 넓히기 위해서 독립영화, 인터넷 라디오, 저서 《가난뱅이의 역습貧乏人の逆襲!》(2008)[4] 등 미디어를 적극적으로 활용한다. 동시에 지역 주민과의 관계도 중요시한다. 리사이클숍을 경영하면서 동네 아저씨, 아줌마와 사이좋게 지내는 기술을 획득하고 물물교환을 함으로써 돈을 매개하지 않는 생활의 기술을 이야기한다. 마츠모토의 활동은 기존의 제

---

3 일본의 전기용품안전법에 기반한 표시(PSE마크)가 없는 전기용품은 판매가 인정되지 않는 것에 반대하는 운동. 2005~2006년도에 정부가 중고품도 판매 규제 대상에 포함시키면서 반대운동이 전개되었고, 결국 정부는 그 마크가 없어도 용인한다는 입장을 표명했다.
4 같은 제목으로 2009년 한국에도 번역 출간되었다.

도에 대한 저항이자 더 이상 경제성장을 기대할 수 없는 사회를 살아가는 새로운 대안이다.

아마미야 가린과 마츠모토 하지메는 일본의 청년 세대인가?

이처럼 아마미야 가린과 마츠모토 하지메가 주도하는 청년운동은 사회에 대한 분노를 직접 표출하는 것이다. 그래서 미디어에서는 두 사람 다 혁명가적 이미지로 그려진다. 그들은 '빈곤/가난'을 주제로 하고 있으며 아마미야 가린의 실천이 신자유주의 정책으로 인해서 생긴 저임금, 장시간 노동이라는 '생산' 공간에 대한 저항이라면, 마츠모토 하지메는 돈을 쓰지 않고 살아가자는 '소비' 공간에 대한 저항이라고 볼 수 있다.

그런데, 아마미야 가린과 마츠모토 하지메가 생산하는 청년 담론을 포함해 일본에서 끊임없이 생산되고 있는 청년 담론을 접하다 보면 그 또래 청년들과 공감대를 형성하거나 연대하는 모습은 보이지 않는다. 즉, 청년 담론이 한 시대를 살아가고 있는 또래, 또는 대중들 사이에서 '우리의 문제', '자신의 문제'로 인식되지 못하고 있는 것이다. 그렇다 보니, 청년 담론이 다양한 사회적 담론들과 입체적으로 연동되어 어떤 새로운 움직임을 불러일으키지 못하고 만다. 사회적인 인식 전환을 시도하는 텍스트 생산이나 당사자운동 역시 개별적인 움직임으로만 머물러 있게 되고, 사회적 파급력은 미미하다. 그래서 '아마미야 가린과 마츠모토 하지메는 현대 일본의 청년 세대인가'라는 반문을 해 볼 필요가 있다. 한국에서 이들은 현대 일본의 청년 담론을 주도하고 있는 사람들인 것처럼 소개되고 있지만, 일본에서 이들의 영향력은 그다지 크지 않다. 나는 지금 도쿄와 시즈오카靜岡의 대학에서 강의를 하고 있는데, 수업 시간에 만나는 학생들 대부분이 아마미야 가린과 마츠모토 하지메를 모르고 있었다. 나로서도 놀라운 일이었다. 이들의 이름을 들어 본 몇몇 학생들조차 '특이한 사람'이라고 받아들이고 있었다. 일본의 미디어에서도 이들이 '특이한/신기한' 대상이라는 데에 초점을 두고 보도했다. 대학생들에게 이러한 청년들의 이야기는 공감의 대상이기보다 자기와는 다른 대상인 동시에 자기와의 비교 대상이다. 자기보다 더 힘든 상황에 놓여 있는 사회적 약자의 존재는 '그래도 내가 낫다'는 것을 재확인하는 비교 대상에 그치고 마는 것이다.

그래서일까. 아마미야 가린이나 마츠모토 하지메의 활동은 주제와 방식에서 일본의 청년들보다 한국의 20대들과 많은 부분을 공유하고 있는 것 같다. 그들은 한국, 중국, 대만 등 아시아의 청년 활동가들과 적극적으로 연대하고 있으며 그 점에서 탈일본적이기도 하다. 이런 한일의 수요 방식의 차이는 어디서 기인하는 것일까.

우선, 대학 공간과 사회 공간이 꽤 단절되어 있는 일본 사회의 문제를 지적할 수 있다. 일본 청년들은 부모의 경제력에 의해 대학에 진학하는 경우가 대부분이라 졸업할 때까지 수업료, 생활비 모두 부모(또는 학자금 대출)가 부담한다. 그러다 보니 사회적인 문제들을 대학생이라는 자신들의 입장 안으로 끌어오는 인식이 한국에 비해 비교적 낮고 그래서 일본의 대학에서는 시위하는 학생들을 거의 찾아볼 수 없다. 학부 시절에 휴학하는 학생도 거의 없고 대학원 진학도 한정되어 있기 때문에, 일본 대학생들의 90% 이상은 4년의 대학 생활을 마치고 스물두세 살 때 사회로 나간다. 그런 일본 대학생들에게 청년 문제는 졸업 후의 문제이다. 졸업 후 사회에 나가면 정사원이든 프리타든 가혹한 노동 상황에 직면하게 되지만 결국 '자기 책임론'이라는 언설의 구조에 갇혀 목소리도 제대로 못 낸 채 참아 내는 길을 선택하는 것이다.

이런 일본과 달리 한국 대학생들은 비교적 장기간 대학에 머문다(군대를 갔다 오는 남학생들은 6~7년을 대학에서 보낸다!). 또 대학 진학률이 85%에 이를 정도로 높고, 한국이 일본보다 훨씬 심한 격차사회라는 점도 특징적이다. 이러한 상황이 '88만원 세대'론이라는 청년 담론에 한국의 20대들이 적극적으로 공감할 수 있었던 토대가 아니었을까. 아마미야 가린이나 마츠모토 하지메의 실천이 일본 청년들보다 한국 청년들에게 더 잘 흡수될 수 있었던 것도 이런 차이에서 기인했다고 본다.

자기 긍정형의 청년 담론 – 《절망의 나라의 행복한 젊은이들》

청년들에게 외면받는 청년 담론들만 돌아다니고 있던 와중에 몇 해 전 청년 담론과 관련해서 화제가 된 책이 있다. 후루이치 노리토시古市憲寿라는 20대의 대학원생이 쓴 《절망의 나라의 행복한 젊은이들絶望の国の幸福な若者たち》(2011)[5]이라는 책이다. 이 책이 주목받은 이유는 격차사회 속에서 불행한 모습만 강조해 온 지금까지의 와카모노론에 20대 청년, 이른바 당사자가 반기를 들었기 때문이다. 저자는 20대의 75%가 현재 생활에 만족하고 있다는 통계조사 결과를 예로 들며 '시부야渋谷에서 축제를 즐기는 젊은이', '인터넷 우파가 주최하는 시위에 모이는 젊은이', '대지진 재해지로 볼런티어를 하러 가는 젊은이' 등 여러 현장에서 다양한 모습으로 재미있게 살아가는 청년들의 모습을 그린다. 어떻게 보면 전혀 다른 젊은이들의 모습이라고 할 수 있는데, 그들에게 공통적으로 보이는 특징은 일상의 소소한 재미들을 찾으면서 '지금 여기'의 행복을 소중하게 여기는 감수성을 가지고 있다는 점이다. 저자는 요즘 시위나 볼런티어가 늘어나고 있지만 그것은 사회운동이라기보다는 단지 일상의 행복을 찾으려고 하는 행위, 즉 자기만의 '아지트'를 찾는 행위에 불과하다고 진

---

5 같은 제목으로 2014년 한국에도 번역 출간되었다.

단한다.

한편, 저자는 20대의 60% 이상이 고민이나 불안이 있다는 통계조사 결과를 가지고 '행복해하는' 청년들의 이면을 읽으려 한다. 저자는 일본의 사회학자 오사와 마사치大澤真幸로부터 빌려온 논리를 통해 이 현상을 설명한다. 사람은 언제 '불행하다', '지금 생활에 만족하고 있지 않다'고 이야기하는가? 오사와 마사치는 "'지금은 불행하지만 미래는 보다 행복해질 거'라고 생각할 수 있을 때"라고 이야기한다. 그렇다면 거꾸로 '지금 행복하다', '지금 생활에 만족한다'라고 이야기하는 이면에는 '미래를 희망할 수 없다'라는 생각이 깔려 있다고 볼 수 있다. 때문에 요즘 일본 청년들에게 장래에 대해 불안을 느끼면서도 지금 현상을 그대로 받아들이고 편하게 살아가려고 하는 모습이 공통적으로 나타난다는 것이다. 하지만 저자는 거기에서 어떤 비관론이나 감상론도 찾으려고 하지 않는다. 일본이라는 나라의 장래에도 구애받지 않는다! 즉, 구애받는 어른들에 의한 계몽주의를 거부하는 것이다. 이 책에서는 청년 문제에 대한 해결책을 전혀 제시하지 않는데, 저자의 입장에서 그것은 필요 없기 때문이다.

저자는 이 책을 쓴 이유에 대해 "나와 내 주변에 있는 사람들에 대해서 알고 싶었다"고 이야기했다. 그러면서 (국내든 국외든) 다른 세계에서 사는 사람들에게 자신들의 목소리가 가닿기는 힘들겠지만 서로 공명할 수도 있지 않을까, 하고 말한다. 이처럼

현재 살아가는 청년들이 원하는 것은 먼 미래나 먼 사회(나라)와
의 구체적인 연결고리를 찾는 게 아니라, 자기 주변에 있는 친구
들끼리 작은 것에 행복을 느끼면서 사는 것인지도 모르겠다. 그
래서 이 책에는 사회 구석구석의 기쁨이나 아픔에 공감하거나
그런 이야기에 귀 기울여 연대해 나가고자 하는 모습이 보이지
않는다. 어디까지나 '우선' 자기의 현재 모습을 긍정해 보려는
청년 담론이라고 볼 수 있다.

그런데, 놀라운 것은 인터넷에 올라와 있는 독자 리뷰의 반 정
도가 이 책의 논지에 공감하고 있다는 점이다. 어떻게 보면 저자
의 이야기야말로 대다수의 일본 청년들의 생각을 반영하고 있는
것인지도 모른다. 이러한 '자기 긍정형' 청년 담론은 일본 청년
들만이 보이는 것은 아니다. 한국에서도 《88만원 세대》가 나왔
을 때 기성세대에 의해 자신들의 불행이 '환기되는' 불편함을 느
낀 청년들도 많았을 것이다. 물론, 지금의 자신을 긍정하는 것은
청년 세대에게 꼭 필요한 작업이다. 그러나 현상을 긍정적으로
만 보자는 것은 세대 내, 세대 간의 연대는커녕 일본 사회가 가
진 모순을 인식하는 힘마저 점점 더 상실하게 만들 수 있다. 자
기 긍정의 끝에 도달하면 무엇이 있을까. 이것조차 지금 일본에
서 살아가는 청년들의 저항의 한 모습으로 볼 수 있을까?

3.11 이후 와카모노론의 행방

3.11 이후 일본 미디어에서는 지금의 절망적인 상황을 극복하기 위해 '기즈나絆,끈', '츠나가리繋がり,접속'라는 말들이 쏟아져 나왔다. 이미 '무연사회無縁社会'로 가고 있는 일본에서 그 말들은 허구에 불과하다는 냉소적인 시각들도 있다. 그렇지만, 아니 도리어 그런 의미에서 3.11 이후에 출판된《절망의 나라의 행복한 젊은이들》은 무연사회의 단면을 잘 반영하고 있다고 볼 수도 있다. 기즈나, 츠나가리 등은 '큰 이야기'가 아니라 각자의 방식으로 삶을 살아가자는 '작은 이야기'이기 때문이다. 그런 시각이 무연사회를 살아가는 하나의 방법으로 제시되는 것은 어쩌면 당연한 논리적 귀결일지도 모른다.

한편에서는 와카모노의 '살기 힘든 상황'을 사회 구조적인 문제 제기로 돌파하려는 움직임도 가속화되고 있는 것 같다. 2011년의 후쿠시마福島 원전 사태는 일본 사회 구조의 부정적인 측면을 한꺼번에, 충격적으로 노출했기 때문이다. 이제 일본의 사회 시스템은 와카모노뿐만 아니라, 일반 대중들도 살기 힘든 상황으로 인식되기 시작했다.

무라카미 류村上龍의 소설《희망의 나라로 엑소더스希望の国のエクソダス》(2000)[6]에 나오는 "이 나라에는 모든 것이 있다. 그러나 희망만 없다"라는 대사처럼 현재 일본 사회에는 그 어떤 '희망'도

보이지 않는 것 같다. 이 부분이 현재 한국과의 큰 차이라고 느낀다. 물론 한국에서도 희망을 가질 수 없다고 말하는 사람들이 존재하겠지만, 적어도 희망을 만들어 가려는 움직임은 보인다. 그것은 '가능성'이라는 말로 표현할 수 있다. 현재 일본에 필요한 것은 큰 이야기든, 작은 이야기든 그런 가능성을 발견하는 게 아닐까.

6 같은 제목으로 2011년 한국에도 번역 출간되었다.

2장

일본의 청년들이
데모를 하기 시작했다!

두 번의 대지진 사이를 읽기

　세 명의 감독이 지금 도쿄를 살아가는 사람들의 모습을 담은 옴니버스 영화 〈도쿄〉(2008). 이 가운데 특히 봉준호 감독의 〈흔들리는 도쿄〉가 인상적이다. 사람들이 하나둘 히키코모리가 돼가는 도쿄, 아직 히키코모리가 되지 않은 사람 가운데 피자를 배달하는 여자가 있다. 어느 날 그녀 역시 히키코모리가 되어 버린다. 이 피자 배달부를 좋아하게 된 히키코모리 남자는 그녀를 만나기 위해서 집 밖으로 나서기로 결심한다. 그러나 쉽지 않다. 몇 번의 시도 끝에 겨우 집 밖으로 나온 그. 그러나 큰길가에는 아무도 보이지 않는다. 피자 배달을 하는 로봇 외에는. 모든 사람들이 히키코모리가 된 것이다. 그때 돌연 지진이 일어나고, 비로소 사람들은 집 밖으로 나온다.

이 영화에서 히키코모리 상태의 사람들을 집 밖으로 불러내는 것은 우연히 발생한 지진이다. 일본이라는 나라는 지진이 많고, 그래서 하나의 상징으로 '우연히 발생한 지진'이라는 설정은 여러모로 흥미롭다. 그러나 현실에서는 '우연히 발생한 지진'이 하나의 상징으로 그치지 않는다. 지금의 일본 사람들, 특히 청년들이 처한 현상을 타개하려면 2011년의 동일본대지진 같은, 아니 그 이상의 거대한 파국(궁극의 비상사태)이 필요할지도 모른다. 그런데 실제로 파국적 상황에서 직접행동을 하는 움직임이 하나둘 일어나고 있다.

너무나 변화가 많아서 '격동'이라는 말을 자주 붙이는 한국과는 대조적으로 일본 사회는 거의 변화가 없어 보인다. 그러나 변화가 없다는 것은 표면적인 모습일 뿐이 아닐까. 무심히 일상을 살아가고 있는 것 같지만, 청년들은 항상 불안과 불만을 품고 살아왔다. 이런 가운데 한 사람의 프리타가 "희망은 전쟁"[1]이라는

---

1 '희망은 전쟁'이라는 표현은 아카기 도모히로(赤木智弘)라는 31세의 청년이 아사히신문사에서 펴내는 월간지 《론자(論座)》(2007년 1월호)에 기고한 글의 제목에서 따온 것이다. 원제목은 〈'마루야마 마사오'를 때리고 싶다-31세 프리타, 희망은 전쟁(『丸山真男』をひっぱたきたい-31歳フリーター 希望は戦争)〉으로 되어 있다. 제목이 너무 과격해서 지식인들 사이에서 논쟁이 일어나기도 했다. 일본 전후 최고의 사상가로 불리는 마루야마 마사오는 도쿄제국대학을 졸업하고 법학부 조교수가 된 후 서른 살의 늦깎이로 군대에 소집되어 평양으로 출병했다. 그가 군대에서 중학교도 졸업 못 한 일등병에게 얼차려를 받았다는 에

발언을 했다. 그는 부모 집에서 살면서 심야 시간에 아르바이트를 하는 31세 프리타였고, 월급은 겨우 10만 엔에 불과했다(이른바 파라사이트 싱글이다). 포스트버블세대에게 강요되는 불이익들, 청년들을 죽이는 격차사회를 시정하기 위해서 그는 '희망은 전쟁'이라고 이야기한다. 급기야 변하지 않는 삶에 대한 청년들의 불안은 아키하바라秋葉原의 무차별 살인 사건으로 표면화되고 만다. 이 사건은 2008년에 파견 노동자로 일하던 한 청년이 아키하바라에서 길을 걸어가던 사람들을 무차별적으로 살해한 사건인데, 7명이 사망하고 10명이 부상을 당했다. 이 사건은 많은 사람들에게 충격을 주었고 각종 미디어에서는 이를 계기로 불안정한 노동 환경에서 일하는 청년의 현실과 함께 격차사회의 문제를 대대적으로 보도했다. 현재의 상황을 타개하고 싶었던 청년들의 심리가 무자비한 행동으로 그 모습을 드러낸 것이다.

두 번의 지진과 볼런티어 활동

'잃어버린 20년'이라고 불리는 지난 20년 동안 주류 언론들은 니트, 프리타 등 부정적인 시각으로 청년들의 모습을 다루었다.

피소드는 꽤 유명한데, '마루야마 마사오를 때리고 싶다'는 표현은 이 이야기에 기반한 말이다. 전쟁은 현상태를 부수는 역할을 한다. 그는 지금 사회로부터 얼차려를 받는 프리타 청년들에게 전쟁은 도쿄대 출신인 마루야마 마사오 같은 사람에게 얼차려를 줄 수도 있는, 즉 역전의 기회가 될 수도 있다고 생각한 것이다.

지난 20년 동안 청년들의 다양한 문화적, 사회적, 정치적 실천
이 없었던 것은 아니었지만, 주류 언론의 눈을 끌기에는 어딘가
부족했던 것 같다. 그런데 미디어가 청년들의 '바람직한 모습'을
적극적으로 다룬 때도 있다. 1995년과 2011년이다. 이 두 해는
바로 거대한 지진이 일어난 해이다. 1995년에는 고베대지진이,
2011년에는 동일본대지진이 일어났다. 두 지진 모두 기록될 만
한 대지진이었다. 이 지진 이후 수많은 청년들이 볼런티어 활동
을 위해 지진 피해 지역으로 발길을 옮겼다. 왜 지진 후 청년들
은 피해 지역으로 향했던 것일까? 답이 너무 뻔해 보이는 이 물
음이 어쩌면 지진이 불러온 다양한 현상 이면의 일본 사회를 날
것 그대로 보여 줄지도 모른다.

기존 사회로부터 해방된 장소로서 피해 지역

2011년 6월 19일 자 〈아사히신문〉의 기사에 따르면 1995년의
고베대지진 때는 약 117만 명이, 동일본대지진 때는 약 42만 명
이 볼런티어 활동에 참가했다. '볼런티어 원년'이라는 말이 생겨
날 정도로 볼런티어 활동이 활발했던 고베대지진에 비해, 동일
본대지진의 볼런티어 활동은 1/3에 그쳤다. 그 이유에 대한 일
반적인 설명은 이렇다. 도시의 중심부에서 집중적인 피해가 발
생한 고베대지진의 경우 지원이 필요한 지역까지의 거리가 짧고
볼런티어 활동을 위해 자동차나 버스, 전철 등의 대중교통 수단

을 이용할 수 있었던 것에 비해서, 동일본대지진의 경우 도심으로부터 접근이 어려웠으며, 쓰나미 피해가 광범위해 지원이 필요한 지역이 넓었다. 그리고 동일본대지진에는 원전 사고에 의한 방사능 오염이 있었다는 점을 이야기하지 않을 수 없다. 어쨌든, 두 지진 재해 모두 대학생을 비롯한 직장인 등 많은 청년들을 피해 지역으로 향하게 만들었다. 이들이 현지 사람들과 교류하는 모습은 이런저런 미디어에서 많이 다루어졌다.

'곤란에 처한 사람을 돕겠다'는 생각은 지극히 당연한 것이지만 지진 재해 후 왜 그토록 많은 사람들이, 특히 청년들이 볼런티어 활동에 나선 것일까? 그 배경에는 시대적으로 간과할 수 없는 요소가 기능하고 있다고 봐야만 한다. 내각부의 여론조사에 따르면, "뭔가 사회를 위해서 도움이 되고 싶다"고 답한 사람의 비율이 1990년대 이후 급증하고 있다. 1980년대 40% 정도였던 사회공헌 의식은 1991년 버블 경제 붕괴 이후 63%를 상회했고 그 후 지금까지 꾸준히 60%대를 유지하고 있다(모리시마 모토히로守島基博, 〈직업관, 인생관…… 지진 재해가 사람들을 어떻게 바꾸었는가仕事観, 人生観…… 震災は人をどう変えたか〉, 《프레지던트PRESIDENT》, 2011년 10월 3일호). 청년들의 행동에 관해 기술한 잡지, 신문 기사들 역시 내각부의 조사와 다르지 않다.

"잘 알지도 못하는 누군가를 위해서 도쿄로부터 발걸음을 옮긴 것이, 지역 주민들을 기쁘게 해 준다는 것을 알게 되었습니다. 또한 지역 주민들은 도쿄의 청년들이 잘 알지 못하는 지혜나 지식을 가르쳐 주기도 했습니다. 이뿐만 아니라, 볼런티어 활동을 통해서 서로 깊이 알게 되었고, 서로를 신뢰하게 되었습니다. 이런 것들이 오늘까지 계속 활동을 할 수 있도록 해 준 것 같습니다. 나는 지금, 이 관계가 가진 깊은 의의를 느끼고 있습니다."

- '지진 재해 지원을 계속하는 청년들, 지원을 계속하는
마음은震災支援を続ける若者たち, 支援を続ける想いとは', 〈alterna S〉, 2012년 5월 18일

미디어들은 이 외에도 "진흙투성이인 채 모심기를 돕고, 가설 주택으로 이사하는 것을 돕고 있는 생기가 넘치는 청년들의 모습은 믿음직하고 눈부시다"라며 활기 넘치고 희망에 가득 찬 청년들의 모습을 전했다.

2012년, 나는 고베대지진 때 유년기를 보낸 후 고베에 있는 대학에 진학해서 '학생지진재해구원부대'라는 동아리에서 쭉 활동해 온 에구치 사토시 씨(대학원생, 24세)를 인터뷰했다. 에구치 씨는 '아시유足湯 볼런티어'에 몇 번이고 참가했다고 한다. '아시유 볼런티어'란 피해 지역 사람들의 심신의 긴장을 풀어 주는 볼런티어 활동이다. 원래 '아시유'란 옷을 입은 채 다리만 담그는 노천탕을 말하는데, 감기 예방, 수면 촉진, 혈액 순환 개선 등의 효과가 있기 때문에 피해 지역의 어르신들에게 제공해

줄 수 있는 좋은 볼런티어 활동으로 알려져 있다. 보통 젊은 볼런티어 활동가들이 할머니, 할아버지들의 발을 정성껏 마사지하면서 잠깐 한숨을 돌릴 수 있는 시간을 드리며, 이때 이분들의 이러저러한 '넋두리'를 들어 주는 것까지 포함된 활동이라고 보면 된다. 이들의 넋두리를 듣고, 거기서 재해 복구를 위한 힌트를 얻기도 한다. 에구치 씨에게 볼런티어 활동에 대해서 듣는 동안, 그가 '볼런티어'라는 단어를 꺼린다는 것을 알 수 있었다. 우리가 사용하는 볼런티어라는 말에는 '누군가를 돕는다'는 의미가 들어 있기 때문이다. 그에게 피해 지역에서의 활동과 경험은 '누군가를 돕는다'는 것 이상의 '농밀한 관계'를 동반한 것이었다. 그는 피해 지역에서의 활동을 '자기 자신의 문제'로 즉 '자기가 찾고 발견한 관계성의 문제'로 보고 있었다.

이러한 관점은 이와이 슌지岩井俊二 감독이 3.11을 그린 작품 〈friends after 3.11〉[2]에 등장하는 여배우 후지나미 고코로藤波心의 말에서도 확인할 수 있다. 그녀는 말한다. "왠지 여기 피해 지역에 와서 피해를 당한 분들을 만나면, 아무런 피해도 당하지 않은 내가 도리어 용기를 얻어요."

---

2 〈friends after 3.11〉은 미야기(宮城)현 센다이(仙台)시 출신인 이와이 슌지 감독이 대지진 이후에 만난 사람들, 그리고 오랜만에 재회한 친구들과 이야기를 나누면서 '일본의 미래'를 그린 다큐멘터리 영화이다. 동일본대지진이 가져온 또 하나의 비극인 후쿠시마 원전 사고에 초점을 맞춰서 반원전을 호소하는 학자, 배우, 집필가 등을 만나서 인터뷰한 것이 작품의 주된 내용이다.

지진 재해 후 피해 지역으로 향했던 청년들의 이야기에서 느낄 수 있었던 것은, 그들이 재해 때문에 우연히 생겨난 '비일상화된 현장'에서 새로운 사람들과 교류하면서 자기 자신과 맞대면할 계기를 기대한다는 점이었다. "사람들에게 도움이 되고 싶다"는 말 속에는 '새로운 관계에 대한 욕망'이 보였다. 볼런티어 활동에 참가한 나가이 고지로 씨(대학생, 23세)에 따르면, 거기서 만난 많은 청년들이 "사회와의 접점을 가져서 좋았다"고 한단다. 볼런티어는 보통 일주일 단위로 활동하는데 한 번 갔다 온 청년들 가운데는 서너 번 이상을 반복해서 참가하는 경우가 많았다. 이렇게 반복해서 그들이 맛보고 싶어 하는 것은 '자신이 살고 있는 사회에 대한 실감'이다. 이 말은 역으로, 지금 청년들이 사회 속의 일원으로 살아가고 있지만 '사회를 느끼지 못하고' 살아가고 있음을 의미한다. 그렇다면 왜 지금의 청년들은 자기가 살고 있는 사회를 실감하지 못하는가?

이 이야기를 하려면 다시 '잃어버린 20년'에 대한 이야기로 돌아가야 할 것 같다. 1990년대 일본은 버블 경제가 붕괴하고, 실업률은 점차 상승하고, '취직 빙하기'라는 취직난이 도래하고, 자신을 둘러싼 조건들이 점점 더 나빠질 것이라는 생각이 지배하면서 전 사회적으로 폐색감閉塞感이 감돌았다. '좋은 학교 졸업 → 좋은 회사 취직 → 행복한 인생'이라는 라이프 사이클의 신화 역시 붕괴되었고, 이것을 대체할 만한 것은 아직 오지 않았다.

이런 상황에서 고이즈미 정부가 추진한 신자유주의적인 경제, 사회 정책은 격차사회를 불러왔고, 한 사람을 규정하는 모든 관계성은 돈을 매개로 한 것으로 한정되었다. 특히 청년들은 더더욱 '살기 힘든' 상황으로 내몰렸다. 때문에 피해 지역, 이른바 '비일상적 공간'만이 청년들에게 동기를 부여하고, 분발시키는 조건이 된 것이다. 그들에게 피해 지역이란, 사회, 개인 모두에게, 지금까지 존재해 왔던 것들이 완전히 붕괴된 '제로 지점', 말하자면 삶의 재출발 지점으로서 포착되었던 것은 아닐까? 피해 지역으로 향했던 청년들과 한순간 모든 것을 잃어버린 피해 지역의 사람들은 같은 제로 지점을 공유했다고 할 수 있다. 이들은 더 이상 서로의 학력이나 사회적 지위 등 개인적인 속성을 묻지 않고 '순수한 관계성'을 구축해 나갈 수 있었다. "잘 알지도 못하는 누군가를 위해서 도쿄로부터 발걸음을 옮긴 것이, 지역 주민들을 기쁘게 해 준다는 것을 알게 되었습니다." 나가이 씨의 이야기는 순수한 관계에 대한 기대를 잘 드러내 준다.

자신을 규정하는 것들을 제로로 돌리는 것이 불가능한 일상에서는 어떤 관계를 구축하려 해도 사람들은 이미 나를 어떤 속성을 가진 존재로 판단하게 되고, 그 속성은 끊임없이 나에게 붙어 다닌다. 특히 일본 청년들이 일상적인 삶 속에서 순수한 관계성을 구축하고, 그것으로부터 오는 기쁨을 누리는 것은 거의 불가능하다. 볼런티어에 참가하려면 교통비, 숙박비, 식비 등 모든 비용을 자비로 충당해야 함에도 피해 지역으로 향하는 청년들이 많다는 것은 피해 지역 사람들을 도와주려는 마음 그 이상의 것이 있기 때문이다. 그것을 순수한 관계성에 대한 기대라고 말해도 좋을 것이다.

삶의 터닝포인트로서 지진

기존의 사회로부터 해방된 장소로서 피해 지역을 경험하면서 삶의 터닝포인트를 발견한 청년들도 많다. 〈뉴 타임1New Time1〉 (2012년 4월 20일)에 소개된 야스하라 다케로 씨(24세)의 이야기가 하나의 예이다. 그는 일류 고교, 대학, 기업, 고위 관료를 추구하는 것이 행복이라는 가치관을 지녀 온 사람이다. 2011년 3월 11일, 야스하라 씨는 친구들과 햄버거 가게에서 시간을 때우고 있었다. "지금 아무것도 할 수 없다면, 우리들은 정말 나쁜 게 아닐까" 하는 물음이 이어졌고, 모두 침묵한 채 가게를 나섰다. 그날 밤 이후 야스하라 씨는 볼런티어를 하고 싶은 마음은 있지만 방법을 모르는 학생들과 일손이 필요한 볼런티어 단체를 잇는 'Youth for 3.11'을 만들었다. 그 뒤 그는 국가공무원 1급 시험에 합격했지만 지진 피해 지역 볼런티어를 한 것을 계기로 관청의 면접 시험을 포기했다. 그리고 이렇게 말했다. "아래로부터라면bottom-up 사회를 바꿀 수 있습니다. 사람들과 연결되어 있는 쪽이 행복할 것이라고 생각해서 관청의 면접에는 가지 않았습니다. 제 선택에 후회는 없어요." 'Youth for 3.11' 외에도 그는 교육 관련 NPO 'Teach for Japan'에서 생활보호가정이 많은 학교에 볼런티어 대학생을 파견하는 활동을 하고 있다(〈뉴 타임1〉, 2012년 4월 20일).

이 외에도 〈니혼케이자이日本経済신문〉의 특집 '지진 재해 반년, 바뀌는 청년들震災半年, 変わる若者'에서는 고도경제성장과 버블의 열기를 알지 못한 채 1990년대 이후의 '잃어버린 20년' 동안 사회인이 된 청년 세대에 초점을 맞춰 그들이 동일본대지진이라는 미증유의 참사를 거쳐 일과 소비에서 새로운 형식을 찾으려는 모습을 추적하고 있다. 대기업에 취직하고 결혼도 하고, 어떤 부자유도 경험하지 않은 채 하루하루를 보내고 있지만 뭔가 채워지지 않는 것을 막연하게 느끼고 있던 청년이 지진 재해를 계기로 "이 세상에는 언제 무슨 일이 일어날지 알지 못한다. 지금 죽으면 꼭 후회하게 될 것"이라고 직감하고 새롭게 일어서기로 결심한 이야기, 또는 "세상의 다양한 모습을 봐 두고 싶다"며 일본 열도를 여행하기 시작한 젊은 부부의 이야기 등 인생의 방향 전환을 도모하는 젊은 세대의 모습을 소개하고 있다.

버블 경제 붕괴 이후 사회인이 된 지금의 청년들을 흔히 '저온세대'[3]라고 부른다. 저온세대란 '취직 빙하기의 세례를 받고

---

3 '저온세대'는 흔히 버블 경제 붕괴 이후의 취직 빙하기가 만든 세대라고 말하고 있지만, 조금 더 살펴봐야 할 부분이 있다. 사실, 한국의 청년 실업 문제와 비교하면 일본에서 취업난,

겨우 사회에 진입했지만 임금은 오르지 않고, 호황이었던 시절을 알지 못한 채 사회인으로서 생활해 가고 있는 세대'이며, '하고 싶다고 생각하는 일도 있지만, 결심 끝에 들어온 회사이기 때문에 실패하면 어떡해라는 생각에 마음먹고 새로운 도전을 할 수 없는 세대'라는 의미이다(《현대용어 기초지식現代用語の基礎知識》, 2010).

그런데, 이번 지진 재해를 계기로, 저온세대로 불리는 청년 세대들 중 꽤 많은 사람들이 '지금이 아니면 할 수 없는 것'과 진검 승부에 나섰다. 그들에게 공통적으로 보이는 점은, '언제 지진 재해가 일어날지 알 수 없다. 그렇기 때문에 하고 싶은 것을 하자'라는 발상의 전환이다. 거기에는 사회적 지위나 돈에 구애되지 않는 삶의 방식도 전제가 되어 있다.

히토츠바시—橋대학의 모리시마 모토히로 교수는 다음과 같이 이야기한다. "이번의 대지진 재해 직후 많은 일본인이 자신들의 일하는 방식에 관해서 적지 않은 의문을 품었고, 무엇을 위해서

특히 대졸자의 실업 문제는 그렇게 심각한 상황이 아니라고 할 수도 있다. 일본은 여전히 한국에 비해서 경제적 기반이 나은 편이며 취업 시장도 비교적 안정되어 있다. 그러나 문제는 버블 경제 붕괴 이후 지난 20년 동안 일본 사회 전반에 우울한 기운만이 감돌고 있다는 것이다. 경제는 점점 나빠질 것이고, 고도경제성장기와 같은 활력을 다시는 찾지 못할 것이라는 불안 말이다. 이것을 '역시 고도경제성장기가 좋았어'라고 해석해서는 안 되겠지만, 청년들에게 부여되는 도전거리들이 사라졌다는 것은 분명한 것 같다. 그래서 '저온세대'는 말 그대로 에너지, 열기를 잃어버린 세대로 해석해도 무방하다. '잃어버린 20년'의 진정한 의미도 여기에 있는 게 아닐까 싶다.

일하고 있는가를 묻는 순간을 경험했다는 이야기는 그다지 틀리지 않을 것이다. 일하는 의미에 관한 작은 물음이 자신들에게 생겨났다, 라고 말해도 좋지 않을까 싶다. 어쨌든 회사와 일을 선택했고, 입사 이후에는 회사가 제공해 주는 승진이나 처우를 자신의 목표로 정해서 생활해 왔지만, 이번 지진으로 많은 사람들이 소중하다고 전제해 왔던 것들에 의문이 생겨난 것이다(〈직업관, 인생관…… 지진 재해가 사람들을 어떻게 바꾸었는가〉, 《프레지던트》, 2011년 10월 3일호)."

이렇듯 지진 재해의 경험은 피해 지역을 돕기 위해 볼런티어에 참가한 청년들만이 아니라 많은 사람들에게 다양한 형식으로 인생에 대한 물음을 던졌다.

'사회'의 발견 – 재해과 인재의 틈에서

지진 후, 볼런티어를 비롯해 다양한 형식의 기부 활동이 이루어지고 피해 지역에 대한 성원이 이어지자 해외에서도 일본의 서로 돕기 정신, 공동체 의식을 칭찬했다. "불행의 밑바닥을 경험하면, 사람들은 곤란에 처해 있는 다른 사람에게 손을 뻗을 수 있고, 이때 사람들은 신나서 자신이 할 수 있는 것에 온 힘을 쏟는다. 본 적도 없고 알지도 못하는 사람들에게 식사나 잠자리를 제공해 주게 된다." 레베카 솔닛Rebecca Solnit은 《재해 유토피아災害

ユートピア》(2010)⁴라는 책에서 이렇게 서로 돕는 행위나 공동체 의식은 전쟁, 자연재해 등의 비상사태에서 자주 보이는 현상이라고 이야기한다.

2012년 한 인터뷰에서 그는 다음과 같이 말했다. "재해가 발생해서 기존의 시스템이 기능할 수 없게 되었을 때, 사람들은 이타적이게 되고 창조성을 발휘하게 된다. 그러나 그것은 새로운 세계나 패러다임을 만들어 내는 것으로 이어질 수도, 속절없이 사라져 버릴 수도 있다. 그렇지만 대지진 재해라는 것은, 인간의 본질이란 무엇인가를 배우는 계기가 될 것이다(〈아사히신문〉, 2012년 3월 29일)."

《재해 유토피아》에 관해서는 다양한 의견이 있지만, 공통적으로 이야기하고 있는 것은 재해에 의한 사람들의 연대가 지속적 혹은 장기적인 활동으로 이어져야 한다는 점이다. 그러면 1995년과 2011년을 전후로 청년을 비롯한 일본 시민들의 인식과 행동에 어떤 변화가 있었는지 살펴보자.

1995년 고베대지진 당시 수많은 시민들이 볼런티어에 참가하면서 이런저런 임의단체들이 생겨났고, 기존의 볼런티어 단체가 좀 더 탄탄한 기반을 가져야 한다는 목소리가 나왔다. 그리고 1998년 특정비영리활동촉진법, 이른바 NPO법이 탄생하게 된다.

4 일본어 번역본과 원서의 제목이 조금 다르다.《A Paradise Built in Hell: The Extraordinary Communities That Arise in Disaster》, 2009.

NPO뿐만이 아니라 대학생들의 조직도 좀 더 본격적인 모습을 갖추어 가게 된다. 고베대지진 후 거기서 구제 활동을 해 왔던 대학생들이 결성한 학생지진재해구원부대는, 13년 후인 지금까지도 활동을 계속 이어 가고 있다. 에구치 씨는 지진은 자연재해이지만, 사회에 이미 존재하고 있던 문제들을 한꺼번에 밖으로 드러내는 계기가 된다고 이야기한다. 지진을 계기로 일본 사회가 고령자, 장애인, 노숙자, 재일외국인 등 사회적 약자들에게 더욱더 살기 힘든 구조였다는 사실이 노출된다는 것이다. 때문에 지진재해구원부대는 지진을 통해 명확해진 사회적 과제에도 눈을 돌려 마을 만들기, 저소득층의 고충 문제와도 적극적으로 씨름하게 된다.

이렇듯 고베대지진은 청년들을 비롯한 많은 사람들에게 지역과의 접점 만들기를 실천하게 했고, 공동체, 연대 의식의 소중함을 일깨워 주었다. 그러나 한편, 고베대지진 이후 청년들을 비롯한 시민들이 일본이 안고 있는 시대적, 사회적 모순을 인식하는 데까지 나아갔는지는 회의적이다. 이 점은 고베대지진과 같은 해에 일어난 옴진리교에 의한 지하철사린sarin사건에 대한 사람들의 인식에서 여실하게 나타난다. 지진과 사린사건은 별개의 사건처럼 보이지만 이때 사람들의 행동을 살펴보면 대지진이라는 자연재해와 사린사건이라는 인재는 같은 시대성을 내포하고 있음을 알 수 있다. 지하철사린사건은 1995년 3월 도쿄의 지하철에서 옴진리교 신도들이 사린이라는 독가스를 살포해 13명이 죽고 100명이 넘는 부상자를 낳은 사건이다. 당시, 그리고 현재에 이르기까지 이 사건에 대한 언론의 보도는 옴진리교도라는 비인간적인 그룹이 행한 흉악 범죄라는 도식으로 그려졌다. 그 결과 시민들은 옴진리교도에 대한 공포와 혐오를 품게 되었다. 그러나 사린사건은 특별한 일부 사람들에 의한 범죄가 아니라 일본 사회의 시대성이나 사회의 구조적 모순을 그대로 반영하고 있는 사건이다. 이와마 나츠키岩間夏樹는 그의 저서《전후 청년문화의 광망戰後若者文化の光芒》(1995)에서 1995년의 두 가지 측면, 즉 '대지진/볼런티어를 하는 청년들'과 '지하철사린사건/수도 중인 청년들'을 비교하면서, 볼런티어 청년과 출가 신도에게는 불투명한 환경 가운데서 자신의 존재를 확인하려 하고 얼마간 보람 있는 생활을 찾으려고 한다는 점에서 공통점이 있다고 지적한다. 말하자면 이대로는 안 된다는 생각을 한 청년들이 한편에서는 볼런티어를, 다른 한편에서는 출가의 길을 선택했다는 것이다.

무라카미 하루키村上春樹 역시 지하철사린사건 2년 후에, 피해자와 유족의 증언 인터뷰를 모은《언더그라운드アンダ-グラウンド》(1997)를 내고, 그 속편으로 신자信者편에 해당되는《약속된 장소에서 - 언더그라운드 2約束された場所で—underground 2》(2001)를 펴냈다.[5] 무라카미는 이 책을 통해서 옴진리교적인 것의 출현은 어

---

5 한국에는 2010년 같은 제목으로 두 권이 함께 번역 출간되었다.

떤 돌연변이적인 것이 아니라 일본 사회에 뿌리를 두고 있음을 지적한다. 더욱이 그는 "일본 사회라는 메인 시스템으로부터 떨어져 나온 사람들(특히 청년층)을 받아들이기 위한 유효하고 정상적인 하위 시스템/안전 네트워크가 일본에는 존재하지 않는 게 현실"이고, "이러한 사람들을 받아들이기 위한 유효한 네트워크가, 아사하라 쇼코麻原彰晃가 이끄는 옴진리교 외에 거의 보이지 않았다"고 한탄했다.

지하철사린사건의 주범자들 중 고학력 엘리트 청년 신자들이 꽤 많았다는 점, 이 사건 이후에도 교단에 들어가려는 청년들이 끊이지 않았다는 점도 인상적이다. 그들이 옴진리교에 빠진 데에는 옴진리교 특유의 컬트적인 면도 한몫했겠지만, 폐색감이 감도는 일본 사회가 그들에게 그 길을 선택하게 했다는 것을 지적하지 않을 수 없다.

그러면 2011년의 경우는 어떠했는가? 동일본대지진이 고베대지진과 결정적으로 달랐던 점은 지진 직후 발생한 원전 사고일 것이다. 그래서 지역 차원의 운동을 넘어서 시민 데모로까지 발전해 나가고 있다. 대지진으로 인한 사고지만 인재라고 말할 수밖에 없는 원전 사고는 도쿄전력東京電力, 정부에 의한 조직적인 범죄이자 일본 사회의 뿌리 깊은 구조적인 문제라는 인식이 사람들 사이에서 일어났다. 이 점은 많은 시민들에게, 서로 돕기, 공동체 의식 등의 틀을 넘어서, 일본 사회의 근본적인 문제를 제기하는 새로운 '사회성'의 발견을 가져다주었다. 즉, 사람들에게 '사회'를 근본적으로 인식하게 만든 것이다. 1995년의 지하철사린사건의 경우는 이야기의 중심인물(옴진리교의 교주 아사하라 쇼코)이 존재했지만, 이번 원전 사고의 경우 (이 사건에 이해관계가 첨예하게 걸려 있는) 이야기의 중심인물이 부재한다. 중심인물이 존재하는 지하철사린사건의 경우는 개인의 책임에 초점을 맞춤으로써 문제를 해결할 수 있다는 담론이 주류를 형성하게 되지만, 중심인물이 부재하는 원전 사고의 경우는 보다 심층적인 시스템의 문제에 주목하지 않을 수 없다. 그래서 원전에 의한 에너지 독점 문제를 시작으로 일본의 기득권층에 대한 문제 등 사회 구조적인 문제가 자연스럽게 담론화되었다. 여기에 후쿠시마 제1원전 사고에 대한 정부, 도쿄전력, 관변 학자들의 대응은 많은 시민들을 분노케 했다. 자신들의 권리만을 지키려는 원자력촌原子力村[6], 원전의 위험에 대한 뒤늦은 대응, 두루뭉술한 방사능 측정치 발표 등으로 시민들은 정확한 정보를 얻기 위해 직접 방사능 측정기를 구입하는 등 자신들을 지키기 위한 행동에 나섰다.

이런 행동 중에서도 가장 두드러진 것은, 원전 사고 이후 '반

---

6 원자력 기술을 이용하는 산업, 특히 원자력 발전에 관계된 전력 회사, 설비 업체, 관련 기업, 경제산업성을 비롯한 감독관청, 원자력 기술에 긍정적인 대학의 연구자들, 매스컴, 업계 잡지 등과 원자력 관련 산업을 한데 묶어 부르는 말. 서로 얼굴을 잘 아는 한마을 사람들처럼 동일계통의 전문가 그룹 출신으로 이루어져 감시와 견제가 이루어지지 않아 부패할 수밖에 없는 구조를 야유하기 위해 촌(村)이라는 말이 붙었다. 거대한 이너서클이라고 할 수 있다.

원전', '탈원전'을 부르짖는 시위가 1960년대 이후 최대 규모로 전국 각지에서 행해졌다는 것이다. 2011년 5월에 행해진, 마츠모토 하지메, 아마미야 가린 등이 주도한 '원전을 그만둬! 시부야 시위'는 1만 5천 명의 많은 청년들이 참여한, 근래에 보기 드문 거대한 규모의 시위였다. 1960년대 학생운동 이래 시위를 경원시해 온 일본 사람들이 원전 사고 이후 대거 시위에 참가했던 배경에는 '사운드 시위'라고 불리는 시위 방식도 영향을 미쳤다. 사운드 시위란 이라크 전쟁 반대 시위 이후 일본에 정착한 새로운 스타일의 시위인데, 당파나 조직을 중심으로 한 예전의 조직화된 시위와 달리 DJ 부스에 거대한 스피커나 앰프를 쌓아서 사운드카에서 댄스 믹싱을 큰 볼륨으로 내보내고 시위대가 그것에 맞춰 춤을 춘다. 거대한 꼭두각시 인형이나 고적대를 동반하고, 멋진 현수막이나 깃발에 각각 익살맞은 코스프레를 한 시위대는 음악만이 아니라 다양한 퍼포먼스를 선보이며 흥을 돋운다. 사운드 시위는 금욕적이고 엄숙하게 통일적인 메시지로 호소하던 종래의 시위와 달리 '좋지 않은가ええじゃないか'[7]라면서 참가자가 저마다의 방식으로 다양한 메시지를 발산한다.

---

[7] 에도시대 말기에 생긴 자연 발생적인 사회운동의 캐치프레이즈를 말한다. 정세 불안, 지진 쓰나미 발생, 콜레라 유행 등 에도시대 말기의 시대 상황 가운데 '좋지않은가운동'이 터져 나왔고 막부 체제를 무너뜨리는 힘이 되었다. 최근의 반원전 시위를 현대판 '좋지않은가운동'이라는 관점으로 볼 수 있으며, 현장에서는 "원전이 없어도 좋지 않은가!"라는 캐치프레이즈로 사용되고 있다.

이러한 시민들의 자발적인 시위는 지난 2012년 5월, 일본의 모든 원전이 정지되는 날을 맞는 데 가장 큰 영향을 미쳤다(마츠모토 하지메와 아마미야 가린은 이날을 축하하면서 신랑 신부 모습으로 시위 차량을 타고 시위를 하기도 했다). 그러나 불행하게도 같은 해 6월부터 다시 원전을 재가동하는 방향으로 정부가 움직이기 시작했고, 수상 관저 앞에서는 약 4만 명이 넘는 사람들이 참여하는 반원전 시위가 지속적으로 이루어졌다(2012년 7월 1일 간사이전력関西電力 오이大飯원전이 재가동되기 시작했다). 이러한 시위 영상은 텔레비전을 비롯한 주류 언론에는 거의 방영되지 않았다. 2012년 5월 시부야에서 있었던 1만 5천 명 규모의 시위 역시 텔레비전에서는 거의 보도하지 않았고, 수상 관저 앞에서의 시위 역시 TV아사히テレビ朝日에서만 약간 보도했을 뿐 NHK는 보도하지 않았다.

그렇지만 트위터, 페이스북을 비롯한 다양한 소셜미디어의 보급은 지진으로 발생한 문제들을 행정에 맡겨 버리는 대신 자발적인 노력으로 피해 지역의 부흥을 이끌겠다는 시민들의 행동의 변화를 가져왔다. 도요東洋대학의 강사인 니시다 료스케西田亮介는 '위기로부터 떠오른 새로운 연縁'을 '두 개의 소셜social'이라는 키워드로 설명하고 있다(〈위기로부터 떠오른 '새로운 연'危機から立ち上がった「新たな縁」〉,《중앙공론中央公論》, 2011년 5월호). 위기 상황에서 '사회 공헌'과 '소셜미디어'를 매개로 정보가 획득, 공유, 발산되는

새로운 기반의 '연'이 떠오르고 있다는 지적이다. '새로운 연'이란, 지진 재해 지역의 부흥 지원만이 아니라, 티-포인트나 소프트뱅크 휴대전화 등을 통한 모금 등 IT를 사용한 새로운 기부 형태도 탄생시켰다.[8] 지진이라는 경험, 그리고 소셜미디어의 보급은 보다 많은 개인들에게 '사회'를 발견하는 기회를 주고 있고, 그것들은 볼런티어, 기부 활동에서부터 원전 반대 시위 참가에 이르기까지 여러 가지 형식으로 나타나고 있다.

'도움이 되고 싶다'는 마음은 '사회를 바꾸는 힘'으로 이어지는가

동일본대지진 이후, 미디어에서 끊임없이 흘러나오는 "힘내라 일본", "일본은 강한 나라", "지금, 하나가 될 때" 등의 연호가 일체감이나 공동체 의식의 싹을 틔운 것은 사실이다. "일본인은 지진이 일어났을 때에도 침착하고 대단했다"라는 말이 국내외로 퍼져 나가고, 많은 사람들이 피해 지역으로 볼런티어를 지원하고, 행정에 의지하지 않는 자발적인 시민 행동이 피해 지역의 부흥에 큰 공헌을 하고 있다. 그렇지만 이러한 호소들이 사회 구조 자체를 바꾸어 낼 수 있을까 하는 의문이 든다. 지진 이후, '결

---

8 티-포인트는 일본 최대의 CD, DVD 대여점인 츠다야(TSUTAYA)가 발매한 카드인 티-카드를 사용하면 쌓이는 포인트이다. 소프트뱅크(Softbank)는 일본의 3대 휴대전화 회사 중 하나이다.

속', '끈', '서로 돕기'라는 언어로 위기를 극복하자고는 했지만 '사회를 바꿀 주체'는 보이지 않기 때문이다. 이번 지진에서 보였던 청년들이나 시민들의 행위로부터 정부와 공무원들은 행정의 문제점을 인식하고 개혁을 모색했는가. 이런 상황에서 시민들에게 요구되는 '사회 공헌'이란 어떤 의미에서 '사회 통합', 말하자면 기존의 사회를 그대로 유지하기 위한 수사에 지나지 않는 게 아닐까.

오늘날의 청년들은 곤경에 처한 사람이 있으면 기꺼이 나서서 도우려 한다. 자비로 피해 지역으로 향하는 청년들의 존재가 그것을 잘 보여 준다. 그런데 피해 지역으로 볼런티어를 하러 가는 청년들 가운데 자기 주변의 홈리스, 빈곤 문제에 관심을 쏟는 청년들은 얼마나 될까? 혹시 자연재해에 의한 피해는 도와야 할 가치가 있다고 보지만 그들의 주변에 일상적으로 존재하는 사회적 약자들에 대해서는 자기 책임론을 먼저 내세우고 있는 건 아닐까.

이러한 개인의 자주성과 자기 책임을 중시하는 경향은 최근 일본에서 사회적 기업가가 주목받는 것과도 관련 있다. 일본에서는 개인적으로 뭔가 성취한 사회적 기업가를 높게 평가하는 분위기가 있다. 특히 청년 사회적 기업가에게는 더욱 그러하다. 한 청년 사회적 기업가는 "정치가나 관료를 비판하며 기분을 푸는 것만으로는 사회가 변하지 않는다는 것은 알고 있다. 정치에 의존하지 않고 서로 도울 수 있는 틀이나 사회를 스스로 만들지 않으면 안 된다(《니혼케이자이신문》, 2011년 6월 13일)"라고 발언했다. 정치나 사회 구조의 문제보다는 개개인의 활약만을 강조하는 것이다.

볼런티어로 대표되는 시민들의 자발적인 씨름을 이야기하는 것과 더불어, 정부나 기업 사회에 뿌리깊은 사회 구조적인 문제를 제기해야 한다. 그렇게 된다면 원전 반대 시위에 참여하는 시민들도 원전 반대에만 머물지 않고, 원전 역시 일본 사회의 구조적인 문제라는 데 눈을 돌리게 될 것이다. 그때 비로소 '호소하고' '목소리를 내는' 정치 문화를 만들어 갈 수 있을 것이다.

길 위의 생활자에게
배우는 삶의 방식

사카구치 교헤의 제로엔 하우스 실천

몇 해 전 서점에 들렀을 때, 기묘한 타이틀의 책을 발견했다. 《독립국가를 만드는 법独立国家のつくりかた》(2012)[1]이라는 책이었다. 책의 띠지에는 '혼자 제로엔으로 나라를 만든 남자의 기록'이라 고 적혀 있었다. 독립국가? 제로엔? 호기심으로 책을 구입해서 읽어 보았다. 읽다 보니 이 책의 저자가 홈리스들의 집을 건축학 적인 관점에서 고찰한 《제로엔 하우스0円ハウス》(2004)를 쓴 사람 임을 알게 되었다.

---

1   한국에는 《나만의 독립국가 만들기》(2013)라는 제목으로 번역 출간되었다.

《제로엔 하우스》를 처음 서점에서 봤을 때 그 책은 미술 서적 코너에 놓여 일종의 예술 서적으로 취급되고 있었다. 대단히 흥미로운 책이었지만, 미디어에서 주목할 정도로 사회적인 반향은 없었다. 그런데 2012년 5월에 간행된《독립국가를 만드는 법》은 서점의 중앙 코너에 놓여 있었으며 출간한 지 3개월 만에 발행 부수가 5만 부를 넘어섰다. 미디어에서도 주목하기 시작했다. 무엇이 이렇게 큰 변화를 가져온 것일까? 그의 활동에 어떤 변화가 있었던 것일까? 책을 읽어 보니 그 의문이 풀림과 동시에 '새로운 청년상'이라는 생각이 절로 들었다. 지금까지 와카모노론에서 문제 삼아 온 청년과는 다른, '외부의 지층으로부터 돌연 나타난 불가사의한 청년'에 대해 호기심이 생겼다.

이 책을 쓴 사카구치 교헤坂口恭平는 1978년생으로 건축가, 에세이스트, 화가, 가수 등 다양한 직업을 가지고 있다. 고교 시절 이시야마 오사무石山修武라는 건축가를 동경해 건축가를 꿈꾸며 와세다早稲田 대학 건축학과에 진학한다. '길 위의 생활자들'의 집, 즉 홈리스들의 집을 건축학적으로 조사, 연구하여 졸업 논문으로 발표했는데, 이때 조사하면서 찍은 사진을 묶어《제로엔 하우스》라는 사진집을 내게 된다. 이것을 시작으로《도쿄 제로엔 하우스, 제로엔 생활東京0円ハウス0円生活》(2011),《스미 다가와의 에디슨隅田川のエジソン》(2012),《도쿄 한 평의 유산TOKYO一坪遺産》(2013),《ZERO에서 시작하는 도시형 수렵채집 생활ゼロから始める都市型狩猟

採集生活》(2010)[2] 등 철저히 필드워크에 기초해서 쓴 책들을 연이어 출간한다. 그 후 사카구치의 활동은 돈이 들지 않는 생활 방식의 실천으로 확대되어 간다.

주목할 부분은 3.11을 전후로 그의 활동이 급속히 활기를 띠기 시작했다는 점이다. 2011년 3월의 후쿠시마 원전 사고를 계기로 사카구치는 고향인 구마모토熊本로 이주하는데, 그곳에 '제로엔 센터'를 만들고, 일본 전국에 '제로엔 특구'를 확대 실행하여 본인이, 말하자면 '제로엔 국가 = 독립국가 = 신정부'의 초대 총리에 취임한다. 그리고, 현재 약 2만 명 정도의 사람들에게 매일 트위터로 '신정부 라디오'를 발신한다.

'제로엔 하우스'로부터 '제로엔 센터', '제로엔 특구'에 이르기까지, 그의 실천에는 모두 '제로'가 따라붙는다. 이것은 어떤 의미일까? 그의 기본적인 문제의식은 홈리스들의 집 구조, 그리고 물질과 환경에 대한 그들의 인식, 소통과 증여를 기반으로 하는 그들의 관계성으로부터 보고 배운 것이다. 그래서 홈리스라는 존재는 그에게 구제의 대상이 아니다. 도리어 홈리스들의 삶의 방식에 숨은 지혜는 그에게 다음 세대를 위한 모델로까지 인식된다.[3]

---

2 같은 제목으로 2011년 한국에도 번역 출간되었다.
3 혹시 오해를 살까 봐 미리 밝혀 두지만, 가난한 상황을 즐기고 자립된 삶을 꾸리는 홈리스들, 즉 사카구치에게 삶의 대안을 보여 준 홈리스들은 홈리스 중 일부이다. 일본 역시 한국과 마찬가지로, 점점 늘어나고 있는 홈리스에 대한 정책적 대안이 절실하다.

그에 따르면 강 주변의 국유지 위에 세워진 홈리스들의 집은 어떤 의미에서는 위법이지만, 헌법에 의하면 그들은 몇십 년 이상 강 주변에서 살아갈 수 있는 권리를 갖고 있다. 최저 생활을 꾸리는 생존권이 다른 어떤 법률보다도 우선되기 때문이다. 더욱이 그들은 부근에 버려진 물건들을 재활용해서 집을 짓는다. 즉, 토지도, 집을 짓는 비용도 제로엔인 것이다. 그뿐만 아니라 그들은 같은 홈리스끼리 정보를 교환하고 얻은 물건을 나눠 쓴다. 또 주변의 가게 주인이나 주민들과 적극적으로 협상해서 남은 음식이나 재활용할 수 있는 물건을 받아서 살아간다.

홈리스들의 집, 그리고 홈리스들의 삶을 통해 주거와 거주 일반의 문제로 물음을 넓혀 간 사카구치는 법률에 기반한 소유가 아닌, 소통과 증여에 기반한 주거/거주의 실천에 관심을 기울인다. 지금까지 근대사회의 문제, 특히 생존권 같은 문제를 임금노동을 보장하는 제도를 통해 해결하려는 시도는 많이 있어 왔지만, 돈을 매개하지 않는 주거/거주의 관점에서 삶의 권리와 사회의 존재 양식에 대해 문제를 제기하는 경우는 드물었다. 그의 문제 제기와 실천은 우리에게 관점의 전환을 요구하고 있는 것이다.

이러한 그의 아이디어와 건축 아티스트로서의 실천은 유럽을 비롯해 여러 나라에서 이미 높은 평가를 얻고 있다. 주거는 근대사회, 자본주의사회 이후를 살아가야 하는 사람들 모두에게 보편적인(글로벌) 문제이기 때문이다. 특히나 3.11 이후, 그의 활동이 활발해지고 사람들로부터 주목받는 것은 새로운 사회, 새로운 삶의 방식, 새로운 관계성의 실천이 무엇보다 절실해졌기 때문일 것이다.

노동에서 주거로

1990년대의 버블 경제 붕괴 이후, 일본의 와카모노론에서 주류를 이룬 것은 프리타, 니트론 등이었다. 이것은 노동을 기준으로 한 담론이었다. 일하고 있는가 그렇지 못한가, 또는 정규직인가 아닌가를 기준으로 담론화된 와카모노론이었다. 이것은 개인의 자립과 노동을 밀접히 관련시킨 근대성의 문제와 맞닿아 있을 것이다. 노동을 통해서 자립한 개인만이 어른이 될 수 있다는 인식 때문이다. 게다가 후기 근대가 막 시작되던, 즉 고도경제성장이 끝나고 본격적으로 소비 사회로 들어가던 일본 사회에 경제 불황이 찾아왔고, 비용 삭감은 청년 실업을 양산했다. 와카모노론이 곧 노동을 중심으로 전개될 수밖에 없었던 배경이다.

그런데, 개인이 자립하는 데 필요한 조건 중에 노동만큼 중요한 것이 '주거'이다. 물론 집도 노동을 통해서 번 돈으로 마련한다는 면에서는 노동의 문제로 환원될 수 있는지도 모른다. 그런데 엄밀히 살펴보면 이 두 가지는 조금 다른 문제이다.

　일본에서, 주거와 청년들의 문제를 관련지은 담론으로는 파라사이트 싱글론을 들 수 있다. 프리타와 같이 1990년대 초반에 등장한 파라사이트 싱글이라는 개념은, 학교를 졸업한 후에도 독립하지 않고 부모와 함께 생활을 계속하는 청년들을 가리키는 말이다. 도심에 부모 집이 있는 청년들이 취직을 하고서도 부모 집에 머물며, 번 돈을 거의 자신의 용돈 등으로 소비하는 데 대한 비판의 의미가 들어 있다. 파라사이트 싱글이라는 와카모노론은, 직업을 찾아서 지방에서 도심으로 이동할 수밖에 없었던 부모 세대가 도심에 집을 사고(이른바 마이홈) 정착한 것이 그 배경에 있다. 자식 세대는 도심에서 학교를 다니고 또 도심에서 취직하는 것이 자연스럽기 때문에, 일부러 집을 나설 필요가 없는 것이다(그 점에서 이 담론은 도시에 사는 청년들을 중심으로 한 것이라고 할 수 있다).

　파라사이트 싱글이 생겨난 때는 비정규직 청년들이 증가하기 시작한 시기와 일치한다. 말하자면, 매월 수입에서 아파트 월세까지 내기 힘든 청년들의 증가가 배경에 있었던 것이다. 파라사이트 싱글은 부모 집이 지방이냐 도심이냐 하는 지리적인 조건과 함께, 부모 세대와 지금의 청년 세대와의 경제적 조건의 차이를 크게 반영하고 있다. '네트카페 난민'이라는 신조어에서 알 수 있듯이 최근에는 지방에서 도심으로 일자리를 구하기 위해 올라온 청년들이 집을 얻기 힘들어 네트카페에 몰려든다든지, 끝내는 홈리스가 되는 경우도 늘어나고 있다. 문제는 이러한 현상들이 일부 청년들의 특수한 이야기로 치부되고 만다는 것이다. 청년들의 주거에 대한 인식은 대단히 얕아서 이것이 사회적 문제로 인식되지 못하고 개인들의 문제로 귀착되어 버리고 만다.

대학생들의 주거 상황도 좋지만은 않다. 앞에서 말했듯 일본 대학생의 학비는 대부분 부모가 감당하고 있다. 도심에서 혼자 사는 대학생의 경우 생활비 역시 부모가 보내 준 돈으로 충당하는 경우가 많다. 일본 도심의 월세는 매우 비싸기로 악명 높다. 일본은 한국과 달리 전세 제도도 없는 데다가 새로운 주거를 얻으려면 월세의 4배에 가까운 초기 비용(계약금, 보증금, 중개 수수료, 사례금⁴)을 내야 한다. 여기에 불황의 장기화로 집에서 보내오는 생활비가 해마다 계속 줄어들고 있다. 지난 2012년에는 부모가 보내 주는 생활비가 1980년대 수준까지 내려간 것이 뉴스거리가 되기도 했다.⁵

최근 한국에서도 등록금 문제와 함께 20대들 사이에서 주거권

---

4 중개 수수료는 부동산에 지불하는 돈이고 사례금은 집을 빌려줘서 고맙다고 집주인에게 내는 돈이다.
5 전국대학생활협동조합연합회(全国大学生活協同組合連合会)의 조사에 따르면, 2011년도에 혼자 사는 대학생들에게 부모가 부쳐 주는 한 달 생활비의 평균이 6만 9,780엔으로 1982년 이래 29년 만에 7만 엔을 밑돌았다. 이는 정점이었던 1996년의 10만 2,240엔의 약 70% 수준이다(NHK, 2012년 2월 27일).

문제가 제기되었다. 근래 재개발이나 땅값 상승의 영향으로 주거 공간의 빈곤화가 저소득층, 청년층에게 넓게 퍼져 가고 있는 가운데, 대학생, 취업 준비생, 프리타 등의 청년들은 반지하, 옥탑방, 고시원 등 기존의 주거를 개조한 좁고 대단히 불편한 공간으로 내몰리게 되었다. 이러한 배경 속에서 대학생들이나 시민단체들에 의해 20대의 주거권운동이 활발해지고 있다. 소설《여덟 번째 방》(김미월, 2010),《침이 고인다》(김애란, 2007)나 독립영화 〈그녀들의 방〉(고태정 감독, 2008) 등 청년 세대의 문제를 주거라는 관점에서 접근한 텍스트들도 많이 생산되었다. "하숙방에서 단칸 셋방으로, 셋방에서 옥탑방으로, 옥탑방에서 반지하 골방, 원룸, 또 다른 방에서 방으로 옮겨 다니는 동안 나의 스무살 시절 시곗바늘은 빠르게 돌아갔다(《여덟 번째 방》)"라는 묘사에서 볼 수 있듯이, 20대 대부분이 방세가 싼 것으로 알려진 옥탑방, 반지하, 고시원, 독서실 등에서 힘든 청춘을 보내고 있다.

2012년 나도 몇 차례 만나서 인터뷰한 적이 있는 성공회대학교의 노숙 모임 '꿈꾸는 슬리퍼'는 주거 문제가 노동 문제와 함께 심각한 청년 문제로 부상하고 있음을 잘 보여 주었다. 이들은 대학 내에서 텐트를 치고 생활하는 퍼포먼스를 통해 월세를 내기 힘든 대학생들의 상황을 알렸다. 이 텐트는 단순히 퍼포먼스에서 그치지 않고 함께 식사를 하거나 휴식을 취하는 장소로도 이용되었다. 이뿐만 아니라 저녁에는 캠퍼스 내에서 영화를 상영한다든지 하면서 소통과 연대를 이끌어 냈다. 전기나 물은 학교 시설을 사용했는데, 처음에는 학교 수위 아저씨들에게 이러저러한 주의를 들었지만 시간이 지나면서 그들도 학생들이 자신들과 마찬가지로 가난하다는 것에 공감하게 되었다고 한다. '꿈꾸는 슬리퍼'는 주거의 문제를 자신들의 주요한 생활 공간인 대학에서 실천하는 것으로 의미를 찾아냈다. 그들은 자신들의 활동은 빈곤을 극복하는 것이 아니라 빈곤한 상황을 즐기는 것이며 무엇보다 주거 문제를 '함께' 해결해 가는 것이 중요하다고 말했다.

일본과 한국 청년들의 주거/거주에 관한 인식에 약간의 차이가 보이기는 하지만, 청년 세대들 가운데 경제적으로 빈곤 상태에 직면해 있는 사람이 적지 않게 존재하며, 노동을 통한 자립이 아니라 주거 그 자체의 권리를 주장한다는 측면에서 공통점이 있다.

건축적인 관점에서 본 홈리스의 집 – 공간과 기능의 발견

예전에 일본을 방문한 한국의 청년으로부터 "일본의 홈리스는 홈리스가 아니다. 제대로 된 집을 짓고 살고 있지 않는가"라는 말을 듣고 충격을 받은 적이 있다. 그가 말한 그대로이다. 한국에도 홈리스들이 많지만 역이나 공원 벤치에서 생활하는 경우가 많고, 일본의 홈리스처럼 골판지나 비닐 시트로 울타리를 만들어 살고 있는 사람들은 거의 볼 수 없다. 일본의 강 주변이나 역 주변 등에서 볼 수 있는 홈리스의 집. 그 청년의 말을 듣기 전까지 내 의식 속의 홈리스들은 법률적인 절차를 거쳐 돈을 지불하고 집을 사거나 빌리지 못한 사람들이었다. 그래서 자신만의 집을 짓고 살고 있는 많은 홈리스들을 집이 없는(홈리스!) 사람들로 생각했다. 이 청년처럼 사카구치는 지금까지 우리가 알고 있던 관점에서 벗어나 새로운 관점으로 홈리스의 집을 조망하며 전혀 다른 세계가 존재하고 있음을 일깨워 준다.

'주거란 무엇인가?' '거주한다는 것은 무엇인가?' 사카구치는 홈리스로 대표되는 길 위의 생활자들의 집을 건축학적인 관점에서 파악한다. 홈리스들이 만든 집의 기능과 그들의 공간 파악 방식에는 우리들의 상상을 뛰어넘는 삶의 지혜가 숨어 있다. 이러한 지혜는 그들의 한정된 생활 방식, 말하자면 금전을 매개하지 않는 생활로부터 역으로 뽑아낸 것들이다.《도쿄 제로엔 하우스, 제로엔 생활》에 나오는 몇 가지 사례를 소개해 본다.

첫째, 버려진 물건을 재활용하는, 이른바 리사이클을 통한 생활이다. 사카구치의 책에 자주 등장하는 스즈키 씨의 이야기가 좋은 예가 될 것이다. 스즈키 씨에게서 발견한 생활의 첫 번째 지혜는 '있는 것만 가지고 생활하는 것'이다. 스즈키 씨는 빈 깡통을 수집해 생계를 이어 가는데 이렇게 모은 빈 깡통이나 가솔

태양열 패널로 자가발전을 하고 있는 스미 다가와의 제로엔 하우스. ©Kyohei Sakaguchi

린 스탠드에 방치되어 있는 차 배터리 등 마을의 이곳저곳에 버려져 있는 것만을 이용해 블루 시트 집(홈리스의 집을 멀리서 보면 푸른 비닐 시트로 덮여 있기 때문에 이렇게 부른다)을 만들 수 있다. 가솔린 스탠드에 버려져 있는 12볼트의 차 배터리를 이용하면 필요한 만큼의 발전이 가능하며, 고장 난 텔레비전을 수리해 사용하면 TV 프로그램까지 볼 수 있는 환경이 갖춰진다. 사카구치의 표현을 빌리면, 그들의 생활은 "도시를 어떻게 전용, 이용, 재활용, 재인식해 가면 좋을까? 그 하나의 해답을 제시하고 있다고 말할 수 있다". 이러한 길 위의 생활자들이 전용하고 있는 잉여물에 사카구치는 '도시의 양식'이라는 이름을 붙였다.

스즈키 씨에게 발견한 생활의 두 번째 지혜는 '도시의 양식'을 이용해 만든 집의 구조에 있다. 집은 겨우 다다미 세 장 정도 크기에 불과한 공간이지만, 매우 넓게 느껴진다. 일부 벽을 쉽게 떼어 낼 수 있도록 했기에 때론 부엌으로 변신하고, 때론 작은 욕조로 바뀔 수 있다. 그때그때 상황에 맞춰 다용도로 변신 가능한 기능을 갖추고 있는 것이다. 스즈키 씨의 집은 어떻게 보면 유연성이 풍부하고, 또 어떻게 보면 쉽게 무너질 것 같은 구조로 되어 있다. 그런데 그것은 집의 크기를 자유자재로 바꿀 수 있고, 언제라도 이사가 가능하다는 의미이기도 하다. 여기에는 이유가 있다. 강이나 하천에 위치한 스즈키 씨의 집은 한 달에 한 번 철거를 해야만 하기 때문이다. 하천을 관리하고 있는 국토교통성과 청소 회사가 강 대청소를 하는 날, 강 주변에 있는 모든 블루 시트 집은 일시적으로 철거된다. 법률에 정해져 있어 거스를 수 없다. 이런 경우를 대비해 블루 시트 집은 몇 시간 내에 접었다 다시 펴서 만들 수 있는 구조로 되어 있다. 스즈키 씨가 알고 지내는 한 홈리스는 강이 범람할 때를 대비해 집이 바로 배로 변신할 수 있도록 설계했다고 한다.

집의 크기는 앞에서 말했듯이 다다미 세 장 정도의 대단히 좁은 공간이고, 거기에 필요 이상의 것은 아무것도 놓여 있지 않다. 잠을 자기에 충분한 공간만 있을 뿐이다. 더 넓게 만드는 것도 가능하지만 그렇게 하지 않는다. 왜일까? 거기에는 우리들

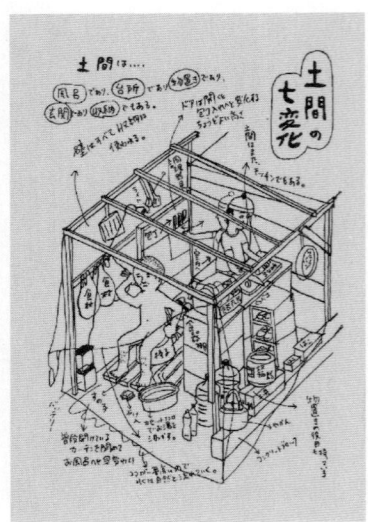

때에 따라 부엌, 탕, 광, 현관, 수납장으로 변신하는 공간. 일부 벽을 쉽게 떼어 낼 수 있도록 했기에 그때그때 상황에 맞춰 자유자재로 변신 가능하다.
©Kyohei Sakaguchi

과 전혀 다른 공간에 대한 인식이 있다고 한다.

스즈키 씨는 책을 읽고 싶으면 가까운 도서관에 가고, 화장실을 이용하고 싶거나 물이 필요하면 공원에 간다. 집에서 만들어 먹는 것 외의 먹을 것이 필요하면 음식이 버려지고 있는 식당이나 알고 지내는 슈퍼마켓 등에서 청소를 도와주고 그 대가로 음식을 받는다. 하천을 산책하다가 알게 된 일반 사람들과도 교류한다. 스즈키 씨 친구들 중에는 유기농 야채를 키우는 사람들도 있는데 그 야채 맛을 잊지 못하는 주부들이 가끔식 반찬을 가지고 와서 야채와 물물교환을 하기도 한단다. 이렇듯 스즈키 씨는 도시 그 자체를 하나의 삶의 공간으로 인식하고 있다. 사카구치는 스즈키 씨의 삶으로부터 깨달은 것을 이렇게 정리했다.

인간은 아이디어를 짜내고, 방법을 발명하는 것으로 자신에게 필요한 최소한의 공간을 발견할 수 있다. 더욱이, 벽에 둘러싸인 공간을 집이라고 느끼는 것이 아니라, 머리를 씀으로써 벽을 넘어 넓게 펼쳐진 세상을 자신의 공간이라고 느낄 수 있다.

- 사카구치 교헤,《스미 다가와의 에디슨》

그는 스즈키 씨의 생활 양식을 '한 지붕 아래 도시'라고 이름 붙였다. 집만 주거 공간인 것이 아니라 그가 매일 살고 있는 도시 공간 전체가 그의 머릿속에서는 큰 집으로 인식되고 있고, 그가 집, 생활 방법, 도시를 파악하는 방식에는 무수한 지층이 존재하고 있다는 것이다(《독립국가를 만드는 법》). 스즈키 씨의 집은 도쿄의 잉여물을 하나의 예술 작품으로 바꾼 것으로 파악할 수 있다. 사카구치는 스즈키 씨의 집을 보고 정말로 필요한 것을 극한까지 골몰하면 예술이 탄생한다고 감탄한다. 홈리스 집의 기능과 홈리스들의 공간 파악 방식에 경탄한 사카구치는 이러한 길 위의 생활자들의 삶을 우리들에게 전하는 동시에, '우리들도 간단하게 집을 만들 수 있다'는 것을 증명하기 위해 집 만드는 방법을 실천해 보이고 있다. 2012년 7월에 공개된 사카구치의 다큐멘터리 영화 〈모바일 하우스 만드는 방법モバイルハウスの作り方〉은 "당신도 집을 지을 수 있다", "집세 0엔, 땅값 0엔, 대출 0엔, 정말로 약간의 재료와 태양광으로 현대를 산다"라는 캐치프레이즈를 내세우고 있다. 홈센터에서 재료를 구입하면 겨우 제작비

26,000엔으로 다다미 두 장 정도 크기에 예쁜 이동용 바퀴까지 달린 집을 만들 수 있다고 선전한다. 영화 속에서 초보자인 사카구치를 가르치는 스승은 다마가와多摩川 강변에서 살고 있는 후나바시 씨인데, '다마가와의 로빈슨 크루소'라고 알려져 있다. 이 영화에는 사카구치가 스승의 질책과 격려를 받아 가면서 집을 완성해 가는 과정이 코믹하게 그려지고 있다.

사카구치의 '모바일 하우스' 제작은 "왜 사람들은 집세를 내지 않으면 살 수 없는 것일까"라는 소박한 의문에서 시작됐다. 제로엔으로 사는 길 위의 생활자들의 생활 방식으로부터 힌트를 얻은 그는 그 발상으로부터 한발 더 나아가 집에 바퀴를 달아 모바일 하우스를 만들었다. 이 모바일 하우스는 법률상 집이 아니다. 그렇기 때문에 모바일 하우스라면 도쿄에서 가장 인기 있는 기치조지吉祥寺⁶라도 한 달에 2만 엔의 주차 요금으로 집을 가질 수 있다고 한다. 이 모바일 하우스에서 생활하는 것은 그렇게 쉽지 않겠지만, 그의 실천은 "집이란 무엇이며, 건축이란 무엇인가" 등에 관한 환기라고 봐도 좋을 것이다. "왜 건축가는 거대한 건축물을 세우는 것일까", "왜 우리들은 몸 크기에 맞추어진 둥지와 같은 집을 짓고 살 수는 없는가" 등의 소박한 질문은 인간에게 정말로 필요한 것, 소중한 것은 무엇인가라는 삶의 핵심에 육

---

6 도쿄도 무사시노(武蔵野)시에 위치한 기치조지 역을 중심으로 한 거리. 아기자기한 상점가가 밀집돼 있어 젊은이들 사이에서 인기가 많다.

박해 들어간다. 길 위의 생활자들의 삶은 정주가 아니라 유목이며, 소유가 아니라 무소유(필요한 최소한의 소유)이며, 확대 생산이 아니라 필요에 따라 확대도 축소도 가능한 유연한 삶의 방식이다. "스스로 생각하고, 스스로 만든다"라는 그들의 생활은 임금 노동에 의한 자립이 아니라 근본적인 생의 자립을 가장 잘 구현한 것이 아닐까?

사고의 확대 – 공간을 정치화하다

길 위의 생활자들의 존재로부터 주거 문제(부동산 문제)로 물음을 확대한 사카구치는 모바일 하우스를 실천하는 등 다양한 삶의 방식을 실천해 가고 있다. 그것은 사고를 확대해 공간을 정치화해 가려는 시도이기도 하다. 이는 사카구치가 어린아이였을 때부터 품고 있었던 여덟 가지 의문과도 관련된다.

1. 사람은 왜 돈 없이 살 수 없다고 하는가. 그 말은 진실인가.

2. 월세를 왜 땅이 아닌 집주인(땅 주인/땅 소유자)에게 내는가.

3. 자동차 배터리만으로도 대부분의 전자제품을 쓸 수 있는데, 왜 원전까지 지어야 할까.

4. 토지기본법에 투기를 목적으로 땅을 거래해서는 안 된다고 적혀 있는데, 왜 부동산들은 적발되지 않는가.

5. 우리가 돈이라고 부르는 것은 일본은행이 발행하고 있는 채권일 뿐인데, 왜 사람들은 일본은행권을 받으면 눈물까지 흘리며 기뻐하는가.

6. 정원에 비파나무며 귤나무가 있는데도, 왜 사람은 돈이 없으면 죽는다고 제멋대로 믿는가.

7. 일본이라는 나라가 생존권을 보장한다면 노숙자가 없어야 하는데, 노숙자는 왜 이렇게나 많은 것이며 그들은 왜 심지어 작은 오두막을 지을 권리조차 박탈당하고 있는가.

8. 2008년 현재 일본의 빈집 비율은 13.1%, 노무라종합연구소에서는 2040년에는 43%까지 이를 거라고 예측하는데, 왜 여전히 계속해서 집을 짓는가.

— 사카구치 교헤,《독립국가를 만드는 법》

이러한 의문은 2011년 3월 11일 동일본대지진 후에 확신으로 이어진다. 후쿠시마에 집을 구입한 사람들은 마을과 지역이 방사능에 오염된 후 하룻밤 사이에 집을 잃어버리고, 갚아야 할 대출금만 남아 있는 경우가 적지 않다. 사카구치는 집 때문에 대출받은 돈을 갚기 위해 35년간 노동을 강요당하는 것은 노예제도와 같은 끔찍한 일이라고 단언한다. 그 토지에 매달려 몸을 움직일 수도 없는 상태에 처하는 것이다. 하지만 일하지 않으면 빌린돈을 갚을 수 없다. 또 대출한 돈을 갚기도 전에 구조 조정이라도 당한다면 얼마나 황당하겠는가. 사카구치는 자기 집을 가져야 한 사람의 성인으로서 역할을 다할 수 있다는 가치관이 사람들을 노동의 노예로 내몰아 왔다고 말한다.

사카구치는 더 나아가 부동산 매매라는 중요한 문제를 건드린다. 그는 우리 사회에서 부동산 매매는 일상화되어 있지만, 일본의 토지기본법 제4조에는 "토지는 투기적 거래의 대상이 되어서는 안 된다"고 명기되어 있다고 지적한다. 다만, 위반할 경우에도 벌칙 규정이 없기 때문에 많은 부동산 중개소가 존재하고, 사람들은 토지나 집을 구입하고 또한 빌리거나 빌려주고 있는 것이다. 그는 "토지는 누구의 것인가", "왜 우리들은 비싼 집세를 내지 않으면 안 되는 것일까" 등 우리가 당연시해 온 것에 의문을 가지고, 따져 봐야 한다고 말한다.

이 글을 시작하면서도 이야기했지만, 사카구치의 활동이 3.11 이후 활발해진 데는 후쿠시마 원전 사고 이후 기존 사회의 존재 방식에 대해 적지 않은 사람들이 의문을 품게 된 것과 무관하지 않다. 탈원전 데모에서 볼 수 있듯이 정부, 국가에 '노!'를 외치는 대중의 행동이 표면화된 것이다. 지진 재해의 경험, 탈원전 운동의 경험은 많은 사람들에게 지금까지 우리 삶을 지탱해 온 삶의 방식 자체에 물음을 던지게 했고, 이런 것들이 사카구치의 실천과도 연결되어 있을 것이다.

이제 사카구치의 실천의 집약체인 '제로엔 센터'와 '제로엔 특구'에 관해 소개해 보고자 한다.

제로엔 센터

동일본대지진 이후, 사카구치의 활동은 일거에 전국적으로 확대되었다. 지진 이후, 방사능 오염의 위험성을 두려워한 그는 고향인 구마모토현으로 이주하고, 거기서 부지 200평이 넘는, 지은 지 80년이 된 집을 월세 3만 엔에 빌리고, 그것을 '제로엔 센터'라고 이름 짓는다. 여기에서 사카구치가 시작한 첫 번째 프로젝트는 동일본 전역으로부터 죽음의 재를 피해 온 사람들의 피난소를 만드는 일이었다. 숙박비 제로엔, 광열비 제로엔으로 피난소를 제공하는 것이다. 단 1개월 동안 동일본으로부터 피난을 와 숙박한 사람들이 100명을 넘었다. 그중 약 60명은 구마모토로 영구 이주하기로 결심했다. 후쿠시마의 아이들 50명을 구마모토에 초대해서 약 3주간 '제로엔 여름캠프'도 실시했다. 이 프로젝트에 참가하는 아이들이 후쿠시마에서 구마모토까지 오는데 드는 교통비를 사카구치 개인의 저금으로 감당하려고 했는데 구마모토현을 비롯해 그의 실천에 공감해 온 이러저러한 단체들로부터 기부금이 들어와서 해결되었다고 한다. 이 프로젝트도 성공적으로 끝났다.

사카구치는 자신이 실천하고 있는 몇 가지 프로젝트에 '태도 경제'가 크게 영향을 주고 있다고 말한다. 사카구치가 만든 신조어이기도 한 '태도 경제'란 자신이 하고 싶은 행동을 먼저 태도를 보임으로써 실현시키는 경제 양식이다. 지금까지의 화폐 경제, 자본주의적 경제가 아니라 태도를 통해 사람들의 공익, 화폐의 공익을 실현하는 경제이다. 사카구치가 길 위의 생활자들의 행동에서 생각해 낸 경제 양식이기도 하다. 앞에서도 이야기했지만 홈리스들은 같은 홈리스끼리 정보를 교환하고 얻은 물건을 나눠 쓴다. 또 주변 가게 주인이나 주민들과 적극적으로 협상해서 남은 음식이나 재활용할 수 있는 물건을 받아서 살아가고 있다. 토지와 집뿐만 아니라 삶의 방식 자체도 소통과 증여를 통해서 이루어지고 있는 것이다. 이처럼 태도 경제란 물건의 교환이 아니라, 태도의 증여에 의해서 발생하는 경제를 의미한다. 특히, 이 프로젝트는 시민이 정책을 제안하고, 스스로 실현하고, 그것을 행정 기구에 보여 줌으로써 납득시키고, 자치단체의 정책으로 편입시키는 방법을 취했다. 그는 이러한 활용법이 새로운 공동체의 맹아이기도 하며 새로운 교육 시스템의 방법론이 될 수 있다고 말한다.

제로엔 특구

또 다른 전국적 규모의 프로젝트가 '제로엔 특구'이다. 제로엔 특구란 헌법 제25조 — 모든 국민은 건강하고 문화적으로 최저한의 생활을 영위할 권리를 가지고 있다 — 를 지키는 안전지대를 만드는 것이다. 즉, 돈이 없어도 삶을 이어 갈 수 있고 생활권을 만들 수 있으며 제로엔으로도 살아갈 수 있는 집을 공공 건축으로 설계하는 것이다. 사카구치는 이 제로엔 특구의 별칭을 '신정부'라고 이름 짓고, 자신이 신정부의 초대 총리대신으로 취임한다고 선언했다.

이 프로젝트는 현재 700만 호에 달하는 빈집과 방치된 토지(소유자 불명의 땅, 등록되지 않은 토지)를 새로운 공공의 장으로 전용하는 것이다. 말하자면, 남아도는 토지 전부를 신정부의 공유지로 만드는 계획이다. 2012년 4월까지 1,426제곱미터의 토지가 신청되었는데, 남아도는 토지를 사용해도 된다는 사람이 이 정도로 많이 존재한다는 것이다. 이런 식으로 영토를 확대해 나가면 토지 문제는 해결될 것이다. 사카구치는 집을 모바일 하우스로 만들면 그것은 부동산이 아니라 '동산'이기 때문에 집세가 발생하지 않으며 혹시 땅의 소유자가 어느 날 자기 땅을 이용하고 싶다고 나타나더라도 다른 땅으로 이동하면 된다고 이야기한다. 여기에 덧붙여, 식비 제로엔(식물을 자라게 한다. 인위적인 농업은 하지 않는다), 사는 공간을 위한 총 공사비 제로엔(모바일 하우스 건축), 에너지 정책으로 물 제로엔(옛날 우물 부활), 전기비 제로엔(12볼트식의 채용) 등의 아이디어가 이어진다.

사카구치의 발상의 근원에는 인간은 토지를 공유하는 존재라는 생각, 즉 이용은 할 수 있지만 사적인 소유는 할 수 없다는 생

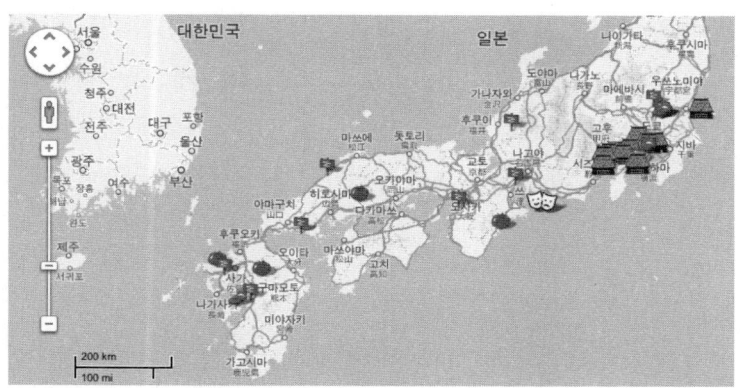

2012년 4월까지 신청된 제로엔 특구 분포도. ©Kyohei Sakaguchi

각이 있다. 제로엔 특구로 사용되는 토지는 '이용'만 하는 것이고 '소유'할 리 없기 때문에 현 정부의 레이더망에서도 벗어나 있는 것이라고 말한다. 그의 이념은 현 정부와 싸우지 않고, '자신이 직접 하는 것(DIY, Do it yourself)'이다. 《독립국가를 만드는 법》의 뒤표지에는 다음과 같은 문구가 있다. "현 정부에 불만이 있다면, 내 멋대로 독립국가를 만들어 버리는 게 좋다. 그것은 즉 제로부터 자신의 생을 만들어 내는 것이다." 그가 말하는 제로엔 특구 확대 계획이란 이렇듯 즐겁게 영토를 확대하는 계획이다. 스스로의 손으로 제로부터 공공적인 것을 만들어 내는 시대가 열리는 것이며, 공공권을 만들어 냄으로써 결과적으로 우리들은 노동으로부터 해방되는 것이라고 그는 말한다. 주택 대출이나 자동차 구입 등 돈을 빌림으로써 경제가 발전한다는 생각을 고쳐야 한다는 것이다. 즉 그의 실천은 노동, 돈이라는 멍에로부터의 해방운동이라고 말할 수도 있다. 제로엔 특구는 제로엔이라는 공격이며, 관점의 전환으로부터 생겨나는 혁명이다.

관점의 전환

길 위의 생활자의 집을 발견한 데서 시작된 그의 모험은, 거주의 의미에서 시작해, 근대적인 삶에 대한 성찰과 새로운 지층을 발견하는 것으로, 전혀 다른 세계로 우리들을 초대하고 있다. 여기서 중요한 것은, '별다른 세계에 있는 무언가'가 아니라 관점의 전환이다. 그는 이야기한다. "시스템과는 싸우지 않는다. 아무것도 파괴하지 않는다. 다만, 걷는 방법을 바꾸는 것, 관점을 바꾸는 것, 그리고 사고해 나가는 것, 그것만으로 세상은 전혀 다른 얼굴을 보여 준다."

나는 사카구치의 책을 읽고, 그의 강연회에 발길을 옮기고, 유튜브에 올라온 그의 토크쇼를 보면서 그의 생각의 근저에 있는 '관점의 전환'의 중요성을 실감했다. 관점의 전환이라는 아이디어는 그가 어린 시절 개골창에서 놀던 때 배운 것이기도 하다. 그는 이것을 자신의 사고의 원점이라고 말한다. 그는 당시를 "돈을 쓰지 않았지만 즐거워서" "집에는 돌아가고 싶지 않은" "눈물이 나올 정도로 즐거웠던" "디즈니 이상의 간절함이 있었고" "자

3장 길 위의 생활자에게 배우는 삶의 방식

신을 잘 알았던 장소이고 친구들과 함께여서 더욱 행복했던 때였다"고 회상한다.《독립국가를 만드는 법》에서는 이 '개골창의 추억'의 실체를 설명하기 위해서 '학교 사회와 방과 후 사회'라는 개념을 사용한다. 그는 사회를 두 가지의 세계 즉 '학교 사회'와 '방과 후 사회'로 나누고, 학교 사회를 무의식의 층(익명화된 세계 = 사회 시스템)으로, 방과 후 사회를 의식의 층으로 구분해서 이야기한다. 우리들은 이 두 가지 층이 겹겹이 쌓여 있는 가운데 살고 있는데, 대부분의 어른들은 학교 사회에 지배되고 있다는 것이다.

실제로 신정부의 실천에 관해서 중학생들에게 이야기를 하면 잘 통하는 반면, 고등학생 이상의 사람들은 하나같이 "그렇게 해서는 경제가 돌아가지 않을 것"이라고 반론을 해 온다고 한다. 이 에피소드는 고등학생 이상이 되면 방과 후 사회를 잃어버리고 학교 사회에 충실해진다는 것을 말해 준다.

'제로엔 특구', '신정부 총리' 등 방과 후 사회의 경험에 기반한 다소 엉뚱하고 기발해 보이는 그의 실천은 처음에는 웃음거리로 여겨졌지만 그의 실천이 거듭되고 강연 등을 통해 그의 생각이 전파되면서 점차 진지하게 받아들여지고 있다. 사카구치는 이런 현상이 불가사의하게 느껴진다고 한다. 정말 모험과 같은, 그렇지만 실현 불가능하지 않은 그의 실천에 사람들이 응원을 보내기 시작한 것이다.

와카모노론의 외부로부터 발견된 삶의 대안

사카구치의 실천은 데모를 하는 사람들과 같은 심각함을 보이거나 분노를 표출함으로써 사회를 바꾸려고 하는 방식이 아니라 일종의 퍼포먼스 같은 성격을 띠고 있다. 그는 퍼포먼스를 통해서 즐겁게 살아가는 방법을 모색하고 있는 것이다. 사카구치의 팬들이 자신들의 블로그에 쓴 글들을 보면 좋아하는 연예인에 열광하는 청년들의 심정과 조금도 다르지 않다는 것을 알 수 있다.

"최근 내 속에서도 사카구치 교혜가 뜨거워지고 있다. 얼마 전에 《독립국가를 만드는 법》이라는 위험한 타이틀의 책을 읽었지만, 이거 무지 재미있다. 무엇보다도, 우파, 좌파 하는 정치 이야기가 아니라 삶의 방식에 관한 이야기이다. 이 세상의 상식을 의심하며, 철저하게 생각한다. 그것이 사카구치의 최대의 매력이다. 책을 읽으면서 눈에서 비늘이 하나하나 벗겨지는 것 같았다. 이런 사람이 있는가라고 충격을 받아서, 눈이 촉촉히 젖을 정도였다. 이미 벌써 팬이 됐다. 앞으로 이 사람이 어떻게 될까 매우 기대된다."(30대 남성)

"어쨌든, 공감하지 않을 수 없다. 최고! 지나칠 정도로 재미있다. 전부 납득! 제대로 하고 있는 것이다. 제정신이 아니어서 확실히

옳다. 대단히 공감. 어디에선가 만날 거라는 느낌이 들지 않을 수
없다. 빨리 만나고 싶은 사람. 지금 넘버 원! 신정부 내각 총리대신
이라구! 아니, 궁지에 몰린 우리들의 구세주, 혁명가. 세상이 재미
있게 되었다. 빙글빙글 꼬인 것과 맞서는 거대한 변화의 큰 물결을
기대해 봅시다!"(30대 여성)

　나는 2012년 사치구치의 가수로서 데뷔작이기도 한 앨범 발
매 기념 콘서트에 갔었는데, 콘서트장은 20~30대의 젊은 세대,
그리고 아이들을 데리고 온 가족들과 나이가 지긋한 사람들 등
천여 명의 열광적인 팬으로 가득 메워졌다. 사람들은 그의 유머
러스한 토크를 즐기기 위해 온 것이지만, 가수로서 사카구치의
매력에도 이끌리는 것 같다. 건축, 예술적인 관점에 더해 자신
이 가진 끼를 통해 새로운 삶을 실천하고 있다는 점에서 많은 청
년 세대의 지지와 공감을 얻고, 결과적으로 정치와 사회마저 바
꿀 수 있는 원동력을 만들어 가고 있다. 지금의 청년들이 요구
하고 있는 것은 이런 '퍼포먼스 속의 정치'일지도 모른다는 생각
이 들었다. 여기서 말하는 정치는 '정당 정치'가 아니라 '일상의
정치'이다. 지금의 청년들은 정치가 앞에 나오면 그것을 특수화
(무의식화)하고 회피해 버린다. 그에 비해 사카구치의 실천은 '행
복하고 즐겁게 살자'라는 메시지가 전면에 나와 있다. 그리고 그
의 이러한 메시지는 항상 '대화'를 통해서 전달된다.《독립국가

를 만드는 법》에는 놀랍게도 그의 휴대전화 번호가 적혀 있다. 더 놀라운 건 전화를 거는 청년들이 정말로 있다는 것이다. 책의 내용에 관해서는 물론이고 개인적인 고민 상담도 많이 한다고 한다.

그의 실천은 그의 삶의 방식 그 자체이다. 거기에는 거짓이나 위선이 없다. 더욱이, 그의 실천에는 '이렇게 해야만!'이라는 환기는 볼 수 없다. "기존의 정부와는 싸우지 않고, 즐겁게 영토를 확장하는 계획"이라는 말 속에서도 볼 수 있듯이 '즐거움', 그리고 상대와의 '대화'에 임하는 자세가 많은 청년들의 공감을 부르고 있는 것이다. 그의 실천은, 와카모노론이라는 틀에서 말할 수 없는, 그 외부의 지층으로부터 발견된 '청년들의 삶의 대안'이라고 할 수 있다. 그가 홈리스의 삶의 방식으로부터 자기 삶의 방식에 힌트를 얻은 것처럼 말이다. 삶의 방식에 대한 힌트는 의외의 장소에 있을지도 모른다.

4장

셰어하우스,
청년들의 더불어 살기 실험

싱글족과 주거 공간의 변화

홈리스의 삶의 방식에서 대안적 주거 공간을 모색하는 사카구치 교헤의 실천을 소개하는 데서 한발 더 나아가, 이 글에서는 현재 일본에서 불고 있는 셰어하우스share house 붐을 통해 청년 세대들에게 주거가 어떻게 받아들여지고 있는지, 그 배경에는 어떤 욕망이 있는지를 탐색해 보고자 한다. 나는 이 논의를 주거라는 측면에서만이 아니라 청년 세대 사이에 증가하고 있는 싱글족과 새로운 청년 세대 공동체의 가능성과 관련지어 이야기하려고 한다.

싱글족의 급증과 셰어하우스의 탄생

2000년 초반, 한국에서 유학할 때 혼자서 행동하는 것에 불편함을 느꼈던 적이 있다. 한국에서는 식당이나 커피숍 등의 소비 공간이 두 사람 이상을 대상으로 하고 있기 때문이다. 식당에 들어가 4인용 테이블에 혼자 앉게 되면 몹시 기가 죽었다. 당시 한국은 1인 단위의 문화가 뿌리를 내리기 전이었다. 한국보다 먼저 싱글족이 탄생한 일본의 경우 1인 단위의 소비 공간이나 생활 공간을 흔히 볼 수 있다. 주거 공간인 원룸, 카운터석으로 꾸며진 식당, 최근에는 혼자서 불고기를 먹을 수 있는 고깃집까지 생겼다. 심지어 혼자서 노래할 수 있는 노래방도 등장했다. 1인용 식품도 실로 다양하다. 일본에 와서 혼자 살고 있는 한국인 유학생들 중에는 일본 생활의 편리함과 홀가분함을 말하는 사람도 꽤 있다.

일본의 1인 세대는 1985년에 789만 세대에서 2005년 1,446만 세대로 20년간 두 배 가까이 급증했다. 이후 총인구는 감소하는데도 1인 세대는 계속 증가하고 있다. 2011년 10월 NHK에서 방송한 특집 〈한국 – 급증하는 싱글족韓国-急増するシングル族〉에서는, 급속한 사회 변화와 함께 한국에서도 싱글족이 급증하고 있으며, 더불어 1인 단위의 소비 공간이나 생활 공간이 나타나기 시작했다고 전했다. 가족이나 그룹 단위로 소비 공간을 찾고 생활

공간을 향유하는 문화가 정착된 한국에서도 일본처럼 '1인 세대', '나홀로 문화'가 증가 추세를 보이고 있다는 것이다. 싱글족의 증가는 청년들이 결혼에 갇히지 않는 라이프스타일을 선택한 결과라는 점에서 긍정적으로 파악되기도 하지만, 젊은 층의 비정규직 급증이나 빈곤율 상승, 그리고 귀속 공간을 가지지 못하는 청년들의 증가는 관계성의 약화에 따른 무연사회의 도래라는 점에서 적신호라고 할 수 있다.

앞서 이야기했듯이 3.11의 경험은 '유대', '가족' 등 기존의 관계성을 다시 강화하는 움직임을 만들어 냈다. 그런데, 이러한 움직임과는 별도로, 다른 형태의 '유대'와 '연대'를 모색하는 청년들의 움직임이 소셜미디어를 통해서 감지되고 있다. 그중에서도 최근 주목받고 있는 것이 셰어하우스를 찾는 청년들이다. 주요 잡지에서는 몇 년 전부터 여러 번에 걸쳐 셰어하우스를 특집으로 다루었다.

셰어하우스, 즉 집을 공동으로 사용한다는 생각은 최근에 생겨난 것은 아니다. 한때 '방 한 칸 빌리기間借り'라는 말이 있었다. '방 한 칸 빌리기'란 비어 있는 방을 다른 사람에게 빌려 주는 것인데, 고학생이나 이제 갓 일을 시작한 청년들이 이 방식을 많이 이용해 왔다. 물론, 지금도 젊은 층에서는 (영어식 표기로 바뀐 것이지만) '룸셰어'와 같이 친구나 형제, 연인들과 방을 공유하는 경우가 많다. 최근의 셰어하우스 담론이 이전과 다른

점은 셰어하우스에 사는 것을 단순히 주거 형태로서만이 아니라 하나의 라이프스타일로서 받아들인다는 점이다. 경비 절감보다는 관계성을 구축하고자 하는 욕망이 숨어 있다는 점도 특기할 만하다(그래서 관계성을 중심으로 한 셰어하우스를 소셜하우스 social house라고 부르기도 한다). 때문에 셰어하우스를 단지 새로운 주거 공간의 하나로 볼 게 아니라 다음 세대와의 연계, 그리고 기존의 삶의 방식에 대한 물음과 연관시켜 볼 필요가 있다. 이런 맥락에서 청년들의 주거를 둘러싼 담론을 크게 두 가지로 정리해 보려 한다.

청년들의 주거를 둘러싼 두 개의 담론

지금까지 일본의 와카모노론에서 주거 문제가 대대적으로 관심의 대상이 된 것은 셰어하우스가 거의 처음이라고 말해도 과언이 아니다. 하지만 좀 더 거슬러 올라가면 청년들의 비정규직화에 의해 가시화된 네트카페 난민, 홈리스 등의 문제도 주거 문제의 하나로 파악된다. 주목할 점은 셰어하우스든 청년 홈리스 문제든 모두 '관계성'이 매개되어 있다는 점이다. 네트카페 난민이나 홈리스가 관계성의 약화로 일어난 현상이라면, 반대로 셰어하우스는 관계성 구축이라는 측면에서 바라볼 수 있다.

관계성 약화로서의 네트카페 난민

한국에서는 많은 대학생들이 집값, 전세값 급등으로 인해 발생하는 주거 문제를 적잖게 경험했고, 이것이 청년 세대들이 연대해서 주거 문제를 제기하는 데 하나의 배경이 되었다. 이에 비해 일본은 주거 빈곤에 시달리고 있는 청년들이 대부분 파견 사원이나 비정규직 사원 혹은 지방 출신이기 때문에 청년 세대 전체의 문제로 가시화되지 못했다. 더욱이 주거 문제는 보통 대학을 졸업한 후에 발생하기 때문에 대학 시절처럼 함께 연대할 수 있는 장을 가지기 힘들다. 그러면 네트카페 난민과 홈리스를 비롯한 청년 주거 빈곤화의 배경을 좀 더 구체적으로 살펴보자.

버블 경제 붕괴 이후인 1990년대부터 비정규직, 파견 사원 등이 늘어나면서 고용 시장이 열악해지고, 부모와 함께 사는 파라사이트 싱글, 네트카페 난민, 홈리스 등이 증가하면서 주거 문제가 표면화되었다. 이로 인해 전통적인 라이프코스는 붕괴되고 학교 졸업에서부터 취직에 이르기까지 이행이 자연스럽지 않은 이른바 '포스트 청년 세대'가 등장하게 된다. 지금까지 대부분의 청년들은 학교를 졸업하고, 일을 시작하면서부터 부모 집에서 나와 혼자 생활하게 되고, 몇 년 후 결혼을 하고 가정을 가지는 식의 라이프코스를 걸어왔다. '혼자 생활하는 것—人暮らし'은 많은 청년들에게 '한 사람의 몫을 감당하는—人前' 지표임과 동시에 동경해 왔던 생활이다. 그런데, 경제 불황과 취직난으로 인해 '혼자

일본에서 셰어하우스를 다룬 잡지들. 왼쪽부터 〈리노베이션과 셰어하우스 - 도쿄의 새로운 주거 방식〉(《도쿄인》, 2011년 2월호), 〈모여서 살기 - 사람과 거리와 이어진 집합주택의 최전선, 모여서 사는 것으로 생겨나는 풍부한 생활〉(《브루터스》, 2012년 2월 15일호), 〈공유하며 살아가는 집 - 새로운 주거 방식, 여기에 있습니다〉(《소트코트》, 2012년 9월호).

생활하는 것'에도 양극화가 발생했다.

　부모 덕에 태어날 때부터 이미 도심에 집이 있었던 청년들은 일부러 혼자 살 필요가 없지만 부모의 집이 지방이거나 경제력이 없는 청년들은 자기 형편에 따라 다양한 '혼자 생활하기' 형태를 취한다. 셰어룸이나 게스트하우스에서 지내거나 네트카페 난민이 되기도 한다. 경제 불황과 청년 취업난이 다양한 형태의 주거 공간을 만들어 낸 것이다.

　네트카페나 게스트하우스는 원래 청년들의 소비 공간이었으나 지금은 장기 체류형 주거 공간으로 변모하고 있다. 이 공간들은 임대와 달리 보증금과 사례금 같은 비용이 들지 않는다. 때문에 목돈을 준비할 수 없는 청년들은 결국 이러한 시설을 이용하게 된다.

2007년 후생노동성[1]의 네트카페 난민 조사(정확한 명칭은 〈거주 상실 불안정 노동자 등의 실태에 관한 조사 보고서住居喪失不安定就労者等の実態に関する調査報告書〉)에 따르면, 그 수는 5,400명에 이르고, 이용자의 연령 분포는 20대가 27%, 30대가 19%이다. 20~30대 청년들이 거의 절반인 것을 알 수 있다. 《빅이슈》의 필자이기도 한 이지마 유코飯島裕子가 행한 〈청년 홈리스 50인 청취 조사若者ホームレス50人聞き取り調査〉에 따르면, 잠자는 곳으로 야숙만을 이야기한 사람은 24%이고, 66%는 네트카페나 페밀리레스토랑 등 24시간 영업하는 가게를 이용하고 있다고 대답했다(《르포 청년 홈리스ルポ 若者ホームレス》, 2011).

이러한 문제의 원인으로 관계성의 약화를 꼽지 않을 수 없다. 비정규직, 파견 노동 등을 하는 청년들이 확고한 귀속 장소를 가지고 있지 못한 데다가, '다른 사람에게 도움을 요청할 수 없다', 혹은 '요청하고 싶지 않다'라는 감정을 강하게 가지고 있기 때문이다. 예전에는 친구가 있었지만 지금의 상황을 알리고 싶지 않기 때문에 모든 연락을 끊고 지내는 홈리스도 적지 않다. '이러한 한심한 꼴을 보이는 것보다 죽는 편이 더 낫다'거나 '놀 친구는 있지만 막상 기댈 수 있는 사람은 없다'라는 이야기이다. 또,

---

1 일본의 복지와 노동 행정을 소관하는 행정기관.

앞의 홈리스 조사 결과에 따르면 60% 이상이 부모와 연락 두절 상태이다(의절 상태 20%, 폐를 끼칠 수 없다 30%, 연락처를 모른다 8%). 관계성 약화가 청년들의 주거 빈곤화에 큰 영향을 미치고 있음을 알 수 있는 대목이다.

관계성 구축으로서 셰어하우스

지금까지 이야기한 '관계성의 약화로서의 네트카페 난민' 현상의 다른 한편에 '관계성의 구축으로서 셰어하우스의 등장'이 있다. 셰어하우스는 특히 영화나 드라마가 셰어하우스에서 생활하는 청년들의 삶을 다루면서 그 존재가 자연스럽게 대중들에게 알려지게 되었다. 〈봄낭만春ランマン〉(후지TV, 2002), 〈룸셰어의 여자ルームシェアの女〉(NHK, 2005), 〈라스트프렌즈ラストフレンズ〉(후지TV, 2008), 〈테라스하우스テラスハウス〉(후지TV, 2012) 등이 그 예이다.[2]

셰어하우스가 미디어를 통해 많이 알려지면서 주거만이 아니라 셰어-경제, 셰어-카 등 우리 생활의 모든 영역에서 공유가 중요한 가치로 떠오르기 시작했다. 레이첼 보츠먼Rachel Botsman과 루

---

2 이 가운데 비교적 최근 작품으로 〈라스트프렌즈〉를 이야기해 볼 수 있다. 다양한 고민을 품고 살아가는 청년들이 온정을 찾아서 셰어하우스에 모여들고, 다른 사람들과의 공동생활을 통해서 관계의 어려움과 함께 그 중요성을 배우며 성장하는 모습을 리얼하게 묘사한 드라마이다. 여기에 더해 성동일성장애, 가정 폭력 등의 사회문제를 정면에서 다룬 데다 인기 배우들의 연기 경쟁도 하나의 볼거리여서 젊은 층에게 대단히 인기가 높았다. 〈테라스하우스〉또한 셰어하우스에서 사는 남녀 6명의 일상을 기록한 리얼리티쇼인데, 모두 22명의 청년들이 2년간 대본 없이 자신의 일상을 보여 주었고, 꽤 인기를 끌었다.

로저스Roo Rogers가 쓴《셰어 – 공유에서 비즈니스를 만들어 내는 새로운 전략シェア-共有からビジネスを生みだす新戦略》(2010)[3]은 일본에서도 큰 화제를 불러왔는데, 이후 나눔과 유대를 통한 새로운 경제나 라이프스타일이 다양한 매체를 통해서 소개되었다. 이들은 '협력적 소비'를 제안하고 있는데, 개인의 자유나 라이프스타일을 희생하지 않고서도 자원을 '공유'하는 게 가능한 시스템이라는 것이다. 협력적 소비의 예로 제품 서비스 시스템(자동차 공유, 태양광 발전 등), 재분배 시장(의복 교환, 중고 시장 등), 협력적 라이프스타일(협력해서 일하기, 사회적 통화, 셰어하우스) 등을 들고 있다. 여기에 덧붙여《하류사회》의 저자 미우라 아츠시는, '한 집에 ○대/개' 하던 가족 주체의 소비가 2000년에 들어서 전 세대에 걸친 싱글화(개인주의화)로 변했는데, 2000년대 중반부터는 불경기의 장기화, 고용의 불안정화로 인해 소비 시장이 축소되고 한편으로는 사회, 환경을 중시하는 가치관이 부상하면서 '유대'나 '공유'를 중요시하는 소비로 변화하고 있다고 말한다(《제4의 소비 – 관계를 만들어 내는 사회第4の消費-つながりを生み出す社会へ》, 2012). 소셜미디어 등 네트 사회의 발전도 셰어하우스의 폭발적 증가에 한몫했다. 2005년에는 단 25개였던 수도권의 셰어하우스는 2008년에는 381개, 2012년에는 1,100개 이상으로 꾸준히

---

3 원서명은《What's Mine is Yours》(2010)이고, 한국에는《위 제너레이션 – 다음 10년을 지배할 머니 코드》(2011)라는 제목으로 번역 출간되었다.

증가하고 있다(셰어하우스 임대 부동산 '히츠지부동산ひつじ不動'에 등록되어 있는 물건 수).

그러면 청년들은 어떤 이유로 셰어하우스를 선택하는 것일까. 셰어하우스에 사는 청년들을 연구하고 있는 구보타 히로유키久保田裕之의 인터뷰 조사에 의하면, 공유의 계기는 '같은 넓이라도 조금 싸게'라는 절약 지향형과 '같은 집세라면 조금 쾌적하게'라는 쾌적 지향형으로 나뉜다고 한다(《타인과 사는 젊은이들他人と暮らす若者たち》, 2009[4]). 《셰어하우스 – 우리들이 타인과 사는 이유シェアハウス-わたしたちが他人と住む理由》(2012)[5]의 저자 아베 다마에阿部珠惠, 모하라 나오미茂原奈央美가 셰어하우스에 사는 22명을 대상으로 한 앙케이트에서도, 셰어하우스에 살게 된 이유로 '재미있을 것 같아서/살아 보고 싶어서(50%)', '생활비를 절약할 수 있기 때문에(27.3%)'라는 응답이 높게 나왔으며, 셰어하우스의 장점으로 '친구가 있기 때문에(36.4%)', '넓은 방에 살 수 있다/경제적이다(22.7%)'를 꼽는 등 구보타의 조사와 비슷한 결과가 나타났다. 셰어하우스 임대 전문점인 히츠지부동산의 홈페이지에는, '남녀노소', '카페 같은 분위기', '야경이 끝내줌', '이국 정서', '남국南国 같은 생활', '적재적소', '가족적 분위기', '의기투합', '호화 저택 생활', '흥미진진' 등의 키워드가 줄줄이 나열되어 있다. 이들 키

---

4 한국에서는 《셰어하우스》(2013)라는 제목으로 번역 출간되었다.
5 한국에서는 《함께 살아서 좋아》(2014)라는 제목으로 번역 출간되었다.

워드를 통해서도 청년들이 셰어하우스에서 무엇을 찾고 있는지를 추측할 수 있다. 2012년 2월 '모여서 살기集まって住む'라는 제목의 특집 기사를 내보낸《브루터스ブルータス》에는 셰어하우스에 살기 시작한 이유, 그리고 지금까지 지내면서 매력적이라고 생각했던 점에 관해서 재미있는 의견들이 많이 실려 있다. 몇 가지를 소개해 본다.

> "어떻게 해서든지 여기에 살고 싶어서 신청했습니다. (⋯⋯) 신축이라는 요소도 있고, 모두 함께 입주한다는 점도 매력적이었어요."
> (가미바라 씨)

> "이전부터 바우하우스(요코하마에 있는 셰어하우스)의 홈페이지를 보고서 동경하고 있었어요. 여기에서 지내면서부터 다양한 사람과 만날 수 있는 기회가 늘어나고, 삶이 대단히 즐거워졌습니다." (시마무라 씨)
>
> ─《브루터스》, 2012년 2월 15일호

여러 인터뷰 중에서도 특히 '가족과 같은 공동생활에의 동경'이라는 의견이 눈길을 끈다.

> "일을 끝내고 집에 돌아가면 공용 라운지에 누군가가 있다는 것

이 기뻐요. 가끔씩 요리가 다 되어 갈 때면 '많이 만들었으니까 괜찮다면 함께 먹을래'라고 건네는 한마디 말을 들을 수 있는 것도. 나는 오사카大阪 출신이라서 옆에 가족이 없지만, 셰어하우스에 살면 가족이 늘었다는 느낌이 듭니다." (시가 씨)

- 앞의 책

셰어하우스에서 함께 살고 있는 사람들이 가족의 역할을 대체하고 있음을 알 수 있다. 특히 자취를 해 본 적이 없는 남자들의 경우 가족적인 분위기 때문에 셰어하우스를 찾는지도 모른다. 그리고 같은 세대만이 느낄 수 있는 교감도 셰어하우스가 주는 매력이 아닐까.

"같은 또래이고 4월부터 일을 시작했는데 서로 비슷한 고민을 하고 있었어요. 마음을 알아준다고 할까. 서로 공감하고 있는 거죠. (중략) 집에 돌아오면 기다리는 사람이 있고 그때그때 기분에 따라 이러쿵저러쿵 수다도 떨 수 있으니까 좋아요."

- 구보타 히로유키,《타인과 사는 젊은이들》

마음을 터놓고 이야기하는 문화가 뿌리내리지 못한 일본에서, 청년들은 자신의 문제를 부모, 친구에게 털어놓기보다 스스로 해결하려는 경향을 보인다. 그런 그들에게 같은 세대의 친구, 더

군다나 함께 사는 친구에게 마음을 털어놓고 공감을 얻는 경험
은 무엇과도 바꾸기 힘든 것이 되어 버린다.《브루터스》의 특집
에서 무엇보다도 인상 깊었던 의견은 이것이었다.

> "셰어하우스는 여기가 두 번째. 실은, 처음에는 두려워하며 시작
> 했어요. 그런데 누군가에게 뭔가를 해 주면 전부 그 이상으로 되돌
> 려 받았어요. 결과적으로 100배 정도 되돌려 받은 것 같아요. 그것
> 이 셰어하우스에 살기 시작하면서 느낀 거예요. 뭔가 기분까지 부
> 자가 된 것 같아요. 모두와 공유하면 공유할수록 '자기를 위해서'
> 라는 개념으로부터 해방돼 자유로워지고, 더 풍요로워질 수 있어
> 요. 지진 이후 누군가와 이어지고 싶어서 시작한 셰어하우스 생활
> 이지만, 이 안도감이 지금은 너무나 행복해요." (가미타니 씨)
>
> -《브루터스》, 2012년 2월 15일호

물론 일터의 동료나 친구, 가족을 통해서도 이러한 관계를 구
축하는 것이 가능하다. 그런데 가미타니 씨는 본 적도, 이야기
나눈 적도 없는 사람과의 '새로운 만남'을 찾아 셰어하우스에
왔다. 가족의 대체로서 셰어하우스를 택한 경우와 달리 새로운
공동체 구축의 가능성이 보이는 부분이다. 물론 교대로 식사를
준비한다든지, 공과금이나 생활비를 1/n로 공평하게 분담한다
든지, 사적 공간과 공유 공간의 균형을 유지하는 데서 비롯되는

공동생활의 불편함을 토로하는 청년들도 적지 않다. 그런데 이러한 단점보다도 장점이 많아서 셰어하우스를 택했다고 말한다. 이러한 사례를 통해 셰어하우스에 사는 청년들에게서 관계성을 구축하려는 지향을 확인할 수 있다. 셰어하우스의 매력은 이미 만들어진 공간이나 관계성에 자신의 몸을 맡기는 게 아니라, 삶의 공간과 관계성을 그곳에서 처음 만난 동료들과 함께 만들어 가는 것에 있다. 태어나서 자연적으로 형성된 관계로부터 해방된 공간 가운데 혹은 대등한 관계성 가운데에서만 얻을 수 있는 행복감, 안도감을 셰어하우스는 제공하고 있는 것이다. 이것은 지진 때 볼런티어 활동을 하던 청년들이 현지 사람들과의 교류에서 기대했던 점이기도 하다.

셰어하우스 중에는 가족을 중심으로 했던 주거 공간을 싱글족이 생활하는 장으로 바꿔 가는 사례가 많이 보인다. 물론 옛날의 하숙도 비슷한 형식을 취하고 있지만, 셰어하우스의 경우 집주인은 그곳에 살고 있는 한 사람 한 사람이고, 그들의 자주성에 기초해 생활 공간이 만들어진다는 점에서 다르다. 더욱이 옛날의 민가나 사택 등의 빈집이 셰어하우스로 많이 활용된다는 점에서 재활용을 통한 새로운 라이프스타일의 구축이라고 볼 수도 있다. 이 점은 대량생산에 의한 자연 파괴를 싫어하는, 친환경적인 라이프스타일을 가지고 있고 지속 가능한 사회를 지향하는 청년들에게 걸맞은 삶의 방식이다.

청년 주거 문제를 둘러싼 두 담론의 배경으로서 일본의 집 구조

지금까지, 청년들의 주거를 둘러싼 두 개의 담론을 살펴봤다. 그런데 왜 일본에서는 관계성의 약화로서 네트카페 난민, 그리고 관계성 구축으로서의 셰어하우스라는 담론이 불거져 나온 것일까? 거기에는 '주거 55년 체제'[6]라는 일본의 가족 문화와 거주 방식이 관련돼 있다.

가족과 살까, 혼자 살까: 주거 55년 체제

'관계성의 약화로서의 네트카페 난민'이라는 담론이 어디서 나왔는지 알기 위해서는 먼저 일본에서 '거주하다住む', '살다暮らす'가 가지고 있는 독특한 의미를 알아야 한다.

셰어하우스를 근대 가족이라는 관점으로부터 연구하고 있는 구보타에 의하면, 지금까지 일본에서 '거주하다', '살다'라는 것은 '가족과 함께 살 것인가', '혼자 살 것인가' 중의 선택이었으며 그것 외의 선택지는 존재하지 않았다. 이러한 주거 방식은 전후 강고한 성별 분업이나 기업 중심의 복지 정책을 배경으로 한 '가족 55년 체제'와 그것을 지탱해 준 '주거 55년 체제'의 성립과 깊

---

6 55년 체제라는 말은 일본에서 오랫동안 정권을 유지해 온 자유민주당이 여당 자리를 차지한 1955년으로부터 유래한다. '가족 55년 체제'라는 말은 사회학자 오치아이 에미코(落合惠美子)가 만든 말이며, '주거 55년 체제'라는 말은 사회학자 니시카와 유코(西川祐子)가 만든 말이다.

나카긴캡슐빌딩. 일본의 대표적인 모던 건축가 구로카와 기쇼(黒川紀章)가 1972년에 만든 대표작이다. 하나의 캡슐이 방이자 곧 집이다. 미래의 모든 주거는 저렇게 될 것이라고 생각하며 구상했다고 한다. 외모가 비슷하진 않지만 일본의 극소주택에는 구로카와의 이상이 반영되어 있다고 할 수 있다. ⓒMinori Fukushima

은 관계가 있다(구보타 히로유키, 〈청년의 자립/자율과 공동성의 창조 − 셰어하우징若者の自立／自律と共同性の創造－シェアハウジング〉, 《가족을 넘어선 사회학家族を超える社会学》, 2009).

1950년대 이전까지 미닫이 문이나 얇은 격자로 나뉘어 있던 일본의 집 구조에서는 '프라이버시'라는 개념이 없었다. 패전 후 급속히 보급된 단지나 맨션을 통해 일본 사람들에게는 익숙하지 않았던 프라이버시라는 개념이 급속히 퍼져 나갔다(하라 다케시原武史, 《단지의 공간정치학団地の空間政治学》, 2012). 이런 변화는 주거 공간으로부터 가족 이외의 존재를 배제시켰다. 뿐만 아니라 부엌, 식탁, 부부 방, 아이들 방 등 개개인의 프라이버시가 확보된 칸막이 구조는 미국이나 유럽 이상으로 닫혀진 유니트로서의 성격을 강화했다. 때문에 건축가 야마

모토 리켄山本理顯은 "프라이버시는 주택의 바깥에 대한 프라이버시인 것과 동시에, 주택 내부에서도 부부와 아이들 각각이 가진 프라이버시이다"라고 말한다(하라 다케시, 앞의 책). 즉, 전후 일본의 주택 개념은, 주택의 내외에서 혈연에 의한 유대를 강화하는 효과를 가져왔다고 말할 수 있다.

더욱이 혼자 사는 사람들을 위한 '극소주택', 그중에서도 수도권에 있는 극소원룸맨션은 부모 집으로부터 떨어져 나온, '도시에 유리된 아이들의 방'으로 여겨져 왔다. 지방에서 수도권으로 올라와 원룸맨션에 혼자 산다고 생각해 보자. 우선 집세와 기본적인 생활비는 부모로부터 받는 돈으로 충당하며, 식사의 일부는 '냉장고/부엌 대용'을 자칭하는 편의점이 담당하고, "건강하지? 친구는 생겼는지"라는 전화에 의해서만 가족과 접속된다. 그래서 도시에서 혼자 사는 삶은 가족과 떨어져 있는, 머지않아 결혼해서 (자신의) 가족을 만들기까지의 '가짜-거주'라고 여겨져 왔다. 어쨌든, 원룸맨션은 기능상으로도 의미상으로도 부모 집과 '접속'된 개념으로부터 탄생했던 것이다. 사회학자 우에노 치즈코上野千鶴子의 말처럼 전후 일본의 주택이란 '가족을 담는 상자'이고, 가족 이외의 사람들이 함께 사는 것을 상정해 오지 않았던 것이다.

'가족/주거 55년 체제'에 해당되는 세대는 중산층의 라이프스타일을 영위한 세대이다. 그 점에서 전 세대의 라이프스타일을 포괄하는 게 불가능하다고 말할 수도 있겠지만 일본에서 종신 고용, 연공서열 등의 기업 문화가 당연시돼 왔던 것과 함께 '가족/주거 55년 체제'라는 개념은 지금까지 많은 일본 사람들이 공유하고 있던 것이었다. 그런데 여기서 중요한 점은 '55년 체제'라는 말에 나타나듯 이러한 인식이 생겨난 지 겨우 60년 남짓 되었다는 점이다. 어떤 의미에서 '열린 가족'의 형태였다고 말할 수 있는, '방 한 칸 빌리기'나 거주자들끼리의 커뮤니케이션이 비교적 활발했던 나가야長屋[7] 등이 전후에도 꽤 존재해 왔다는 걸 생각해보면 '가족/주거 55년 체제'는 꽤 인위적인 변화였던 셈이다.

가족, 가정을 여는 것의 의미: 제3의 삶의 방식

싱글족이 증가하고 청년들의 주거 문제가 사회문제로 대두되면서 대안으로 등장한 '셰어하우스'는 '주거 55년 체제'를 뒷받침하고 있던 '거주하다', '산다'의 의미에 대해 질문하게 해 주었다. 사실, 서구나 다른 아시아 국가들에서 가족, 가정이라는 말에 어떤 의미가 있는지를 살펴보면 일본이 얼마나 폐쇄적이었는지를 알 수 있다. 영어 '패밀리'의 어원인 라틴어의 '파밀리아familia'는 친족만이 아니라 노예나 하인을 포함한 가족 전체를 의미한다. 즉, 혈연만으로 이루어진 공동체를 가리키는 개념이 아

---

7 집합 주택의 한 형태. 복수의 집들이 수평 방향으로 이어져 벽을 공유하는 건물.

니라는 것이다. '가족'과 '식구'의 쓰임새가 그 좋은 예라고 할 수 있다. 내가 한국에서 유학하던 시절, 하숙을 하고 있던 일본인 유학생 친구는 하숙집 아주머니가 자주 '우리 식구(일본어에는 없는 말이다!)'라고 불러 주었는데 이 말을 들으면 가족의 일원으로서 받아들여지고 있는 것 같아 너무 기분이 좋았다고 했다. 나역시 한국의 집은 문턱이 낮다고 느꼈다. 오늘 처음 만난 사람일지라도 그날 의기투합하면 술을 마시고, 막차가 끊기면 거리가 가까운 사람의 집에 하룻밤 자러 가는 경우도 많이 봤다. 일본에서는 특별한 사정이 없는 한 친구를 집에 초대하는 일은 드물다. 일본에 온 한국 친구들은 일본인 친구가 좀처럼 자신의 집에 초대해 주지 않는다고 서운해하는 경우가 더러 있다. 일본은 혈연이외의 사람들과 지내는 것, 더불어 외부 사람을 집에 초대하는 문화가 거의 존재하지 않는다. 이 점에서 보면, 셰어하우스는 지금까지 가족과 살 것인가, 혼자 살 것인가라는 양자택일을 요구해 온 일본 사회에서 제3의 삶의 방식으로서 환호받고 있는 게 아닐까 싶다.

그러면 일본에서는 언제 셰어하우스가 탄생했던 것일까? 구보타에 따르면 일본에서의 셰어하우스는 1980년대 후반부터 도리어 프라이버시를 유지해 가면서 서로 도와줄 수도 있고, 자유롭고 대등하게 생활할 수 있는 하나의 주거 방식으로서 주목받기 시작했다고 한다. 그 배경 중 하나로 유학이나 해외 파견 근무를 하면서 셰어하우스를 경험해 본 청년들이 외국의 주거 문화를 가지고 돌아온 것을 꼽는다. 사람과 정보의 글로벌 이동에 따라 미국과 유럽에서의 '셰어'의 이미지가 진보적인 청년 문화로서 유입되었다는 것이다(구보타 히로유키, 〈청년의 자립/자율과 공동성의 창조 – 셰어하우징〉, 《가족을 넘어선 사회학》).

　미국과 유럽에서의 셰어 문화에는 일본과는 다른 청년 자립에 대한 생각이 숨어 있다. 미국과 유럽의 경우, 18세 이후에도 부모의 도움을 받는 청년들은 적다. 대학에 진학한 청년들은 충실히 갖춰진 장학금 제도나 학생 기숙사를 이용하기 때문에 부모에게 기대지 않고 생활하는 것이 가능하다. 18세 이후의 자립을 위한 비용을 사회가 부담하는 시스템이 갖춰져 있는 것이다. 또 대학생, 사회인 구별 없이 집세를 최소화하기 위해 친구들과 공간을 공유하는 문화(공동생활)가 자연스럽게 뿌리내리고 있다. 일본에서는 대학 졸업까지는 생활과 공부 모든 영역에서 부모의 원조를 받는 것이 일반적이지만, 학교를 졸업해 버리면 상황은 180도 달라진다. 정사원으로 쉽게 취직하는 경우도 있지만, 최근 취업난이 심각해지고 자기 책임론이 확산되면서 영원히 자립할 기회를 빼앗겨 버린 채로 사는 청년들도 적지 않다.

　여기서 꼭 살펴봐야 할 것은 일본 청년들의 '자립의 부재'라는 문제가 셰어하우스를 통해 어느 정도 해결되고 있다는 점이다. 구보타의 인터뷰 조사에 따르면, 셰어하우스에 산 적이 있는 청년들 중에는 셰어하우스에서의 생활이 '자립을 얻는 계기'가 되었다고 이야기하는 이들이 꽤 있다.

> "함께 살면 서로 다르다 보니 내가 어떤 사람인지를 알게 되었죠. 친구는 저런데 나는 이렇구나 하면서. 외국에 나가면 같은 나라 사람을 의식하는 것과 마찬가지예요. 다른 사람과 사는 것으로 내가 지금까지 알고 있었던 상식이 집에서만 통하는 것이었구나 하는 게 아주 많아요. (중략) 그러면서 상대를 존중하는 방법을 배웠어요."
>
> – 구보타 히로유키, 《타인과 사는 젊은이들》

구보타는 이런 청년들의 체험담으로부터, 일상적인 공동생활을 통해 다른 사람과 만나며 자신과도 대면하고 자신이 자란 가족 문화를 상대화할 수 있는 '자립自立', 즉 '자율自律'의 계기를 일본은 제도적으로 결여하고 있다고 지적한다. 생각해 보면, 일본에서는 경제적 자립이 강요되어 왔지만, 일본인 중에는 집단이나 공공의 장에서 자신의 의견을 말할 수 없는 타인 의존형이 대다수이다. 또한, 타인과 무엇인가 협력하고 서로 돕고 공유하는 문화가 자리 잡지 못하고 있다. 싱글족의 문화는 어떤 의미에서 가족의 굴레/틀에서는 파악하기 힘든 새로운 삶의 방식, 문화로서 가치가 있다고 할 수 있다. 그런데 지금 싱글족의 삶이 결혼하기 전까지만이 아니라 한평생 이어질 가능성도 있다는 점은 주목할 만한 부분이다.

총무성의 국세조사国勢調査[8]에 따르면 일본의 세대 유형이 1985년에는 1인 세대 21%, 부부 두 사람 14%, 부부와 자녀들 40%로, 부부와 자녀 세대가 가장 큰 비중을 차지하고 있었던 것에 비해서, 그로부터 20년 후인 2005년에는 1인 세대 29%, 부부 두 사람 20%, 부부와 자녀들 30%, 한부모와 자녀들 8%로, 1인 세대와 부부와 자녀 세대가 거의 같은 비율을 점하고 있다. 그리고 또다시 10년 후인 2015년에는, 1인 세대 33%, 부부 두 사람 20%, 부부와 자녀들 26%, 한부모와 자녀들 10%로, 1인 세대가 전 세대 가운데 가장 큰 비중을 점할 것으로 예상된다.

물론 여기에는 청년들의 비혼화와 만혼화뿐만이 아니라, 60대 이상의 이별, 사별 등도 관련되어 있다. 고령화 사회에서 결혼을 한 후에도 배우자의 사망이나 이혼 등에 의해서 다시금 싱글이 되는 것은 자연스러운 현상이다. 현실적으로 생각해 보면, 어떤 라이프코스를 걷든지 간에 싱글이 주체인 사회가 도래한 것이다. 이런 사회일수록 타인과 더불어 살면서 자신을 상대화하고 함께 서로의 존재를 인식해 가는 삶, 이런 자립적인 삶의 태도를 주목할 필요가 있다.

---

8 일본 정부가 5년마다 행하는 인구, 세대 등에 관한 국가통계조사.

셰어하우스의 미래는?

미혼화, 고령화에 따른 1인 가구의 증가와 함께 찾아온 무연 사회의 도래를 보면서, 자기 책임이라는 강박관념만으로 살아가는 것이 불가능한 시대가 되었음을 느낀다. 지금까지 '가족 = 의존', '혼자 살기 = 독립'이라는 도식 때문에 간과해 온, 자율, 자립된 개인들에 기반하면서도 서로 도와주고 도움을 받는 관계성의 구축이 무엇보다 중요해졌다. 그런 점에서 셰어하우스를 비롯한 공유 문화의 실천은 흥미롭다.

3.11 때 볼런티어에 참가하는 청년들의 모습에서도 공유의 문화가 하나둘 자리 잡아 가는 것을 엿볼 수 있었지만, 보다 사적 공간인 주거 공간의 공유가 얼마만큼 퍼져 나갈 수 있느냐가 관건이다. 특히, 폐쇄적인 일본의 가정 속에 공유의 문화를 넓혀 가기 위해서는 '가족, 가정을 어떻게 열어 갈까' 하는 고민이 매우 중요하다. 구보타의 연구에 따르면, 셰어하우스에 사는 것에 관해, 즉 가족 이외의 사람들과 함께 사는 것에 대해 강한 불신감을 가진 부모에게 이해를 구하지 못한 사례도 꽤 있다고 한다 (구보타 히로유키, 〈청년의 자립/자율과 공동성의 창조 – 셰어하우징〉, 《가족을 넘어선 사회학》). 가족이라는 틀을 깨는 게 생각만큼 쉽지 않아 보인다.

그리고 어떻게 하면 지속 가능한 관계성을 구축해 갈 수 있을

지를 모색하는 것도 중요한 과제이다. 셰어하우스를 다룬 드라마를 보면 셰어하우스가 '일시적인 만남의 장'으로 취급되는 경우가 대부분이다. 그래서 일정 기간이 지나 셰어하우스를 나오는 사람은 일종의 '성장한 인간 = 한 사람의 몫을 하는 사람'으로서 종종 묘사되고 있다. 셰어하우스 관련 블로그에 가 보면, 셰어하우스를 퇴거하는 여성의 계기로 결혼을 들고 있는 경우가 적지 않다. 셰어하우스가 하나의 통과의례로서 의미를 띠고 있는 것이다.

그리고 현재의 셰어하우스는 혼자서 사는 것 이상으로 집세가 많이 드는 경우도 있다. 위에서 인용한 잡지들에 따르면 셰어하우스가 전문직 종사자들의 정보 교환의 장이 되어 가는 면도 보인다. 그래서 집세가 싼 셰어하우스와 집세가 비싼 셰어하우스 간의 계층화가 나타나기도 한다. 셰어하우스가 특정 계층 간의 관계를 구축하는 데 기여할 우려가 있는 것이다.

하지만, 셰어하우스는 이제 갓 시작한 단계이고, 청년들이 셰어하우스를 이해하는 방식은 다종다양하다. 중요한 것은 '공유'의 의미를, 적어도 청년들이 내밀한 생활 공간 가운데서 실천하기 시작했다는 점이 아닐까. 현재의 20~30대는 싱글족이 다수를 점하고 있고, 그들이 중년에도 싱글일 가능성은 대단히 높다. 셰어하우스는 지금의 청년들이 중년이 되었을 때, 가장 일반적인 라이프스타일이 되어 있을지도 모른다.

5장

니트론의 현재

반-하류사회를 향한 움직임

2000년대 중반부터 지금까지 '니트'라는 말만큼 일본 사회에서 소비되어 온 말은 없을 것이다. 인터넷 서점 아마존에서 니트를 검색해 보면 1,000개가 넘는 문헌이 나온다. 니트는 그 이전부터 존재해 왔던 프리타, 파라사이트 싱글 같은 와카모노론에 편승한 것으로 '자립하지 않는 청년들'의 존재 양식을 이들의 심리적인 측면에서 찾고 있는 지극히 부정적인 네이밍이라고 할 수 있다. 나아가 니트론은 미우라 아츠시가 이야기하는 '하류사회론'과 밀접히 연관돼 언설화되었다. '하류'란 단순히 소득이 낮다는 의미만이 아니라 커뮤니케이션 능력부터 일할 의욕이나 배울 의욕 등 삶에 대한 총체적인 의욕이 낮은 상태를 가리킨다. 말하자면, '의욕이 없다 = 하류 = 니트'라는 도식 속에서 니트론은 전개되어 온 것이다.

이뿐만이 아니다. 니트론은 미디어를 통해 '연애 니트', '사내 니트', '네오 니트' 등 다양한 형식으로 소비되고 있다. 이성과의 연애에 소원하고, 실제로 어떻게 하면 상대를 만날 수 있고 어떻게 말을 걸면 좋을지 모른 채 결국 연애, 결혼을 포기해 버린 사람들은 '연애 니트', 정사원으로서 회사에 근무하고 있지만 적당한 임무가 없어서 근무 시간이 끝날 때까지 책상에 앉아서 마냥 시간을 때우고 있는 사람들은 '사내 니트', 컴퓨터를 사용해 주식을 사고 제휴 마케팅Affiliate Marketing 등을 통해서 일하지 않고도 수입을 얻는 사람들은 '네오 니트'라고 일컫는 식이다. 이러한 네이밍들을 통해서, 니트라는 말이 일하지 않는 청년들에 대한 비판을 넘어서 다양한 분야, 세대에 공통적으로 보이는 '의욕이 없는', 즉 '하류적인' 현상에까지 사용되기 시작했다는 것을 알 수 있다.

이러한 부정적인 니트론이 확산되는 것과는 또 다르게 니트를 긍정적으로 보려는 움직임도 생겨나고 있다. 3.11 이후, 경제성장에 기반한 원전 추진 정책에 대한 반성에서 나온 현상인데, 바로 하류적, 니트적인 삶을 '다운시프트'[1]론과 이어 보려는 움직임이다.

이 글에서는 일본에서 형성된 니트론의 흐름을 따라가면서 몇 가지 중요한 변화를 짚어 보고자 한다. 이를 통해서 일본 사회의 앞으로의 방향까지 살펴보려 한다.

초기 니트론의 흐름 – 사회적 문제를 심리적 문제로

니트라는 말이 일본 사회에 등장한 것은 경제학자 겐다 유지玄田有史와 프리라이터 마가누마 미에曲沼美恵가 함께 쓴 《니트 – 프리타도 아니고 실업자도 아닌ニート－フリーターでもなく失業者でもなく》(2004)이 나오면서부터다. 영국처럼 일본에도 니트 상태에 처한 청년들이 다수 있다는 것이 문제화되기 시작했고, 니트라는 말은 순식간에 퍼져 나갔다.

니트라는 말은 프리타, 파라사이트 싱글 등의 청년 담론과 마찬가지로 '청년들이 처한 사회적 조건'을 문제 삼기보다는 자립하지 않는 청년들 개인의 심리적 특징을 부각시켜 왔다. 와카모노론 연구자 고토 가즈토모는 위 책에서 저자가 니트의 특징으로 '인간관계가 서툴다'는 것을 강조하고 있으며 니트를 '사회적인 히키코모리'와 결부시켜 서술하고 있는 점을 지적한다. 같은

---

1 원래 기어를 변속한다는 의미인데, 고소득이나 빠른 승진을 원하기보다는 적은 소득일지라도 여유 있게 직장 생활을 하면서 삶을 즐기려는 라이프스타일을 말한다. 유럽에서는 1970년대부터 이런 움직임이 있었는데 최근 다시 한 번 주목을 받고 있다.

経済学者 겐다 유지와 프리라이터 마가누마 미에가 함께 쓴 《니트 - 프리타도 아니고, 실업자도 아닌》. 니트라는 말이 일본 사회에 등장한 것은 이 책이 나온 2000년대 중반이다. 영국처럼 일본에도 니트 상태에 처한 청년들이 다수 있다는 것이 문제화되기 시작했고, 니트라는 말은 순식간에 퍼져 나갔다.

시기에 나온 〈산케이産経신문〉의 기사 '일하지 않는 청년 니트 10년 새 1.6배 증가働かない若者「ニート」, 10年で1.6倍(2004년 5월 7일)' 역시 '니트'를 "취직 의사가 없고 일하지 않는 청년들"이라고 규정하고 있으며, 한 책에서는 니트를 "취직 의욕이 없고 부모에게 기생하고 있다"고 표현하며 니트를 파라사이트 싱글의 연장으로서 언급하고 있다(혼다 유키本田由紀 외, 《'니트'라고 부르지 마!「ニート」って言うな!》, 2006). 그 후 니트에 대한 담론은 《우리 아이를 니트에서 구하는 책我が子をニートから救う本》(코지마 다카코小島貴子, 2005), 《프리타, 니트가 되기 전에 읽는 책フリーター・ニートになる前に読む本》(토리이 테츠야鳥居徹也, 2005) 등의 책 제목에서도 알 수 있듯이 어떻게 하면 니트나 프리타가 되지 않도록 할까로 모아졌다.

그런데 니트의 원인을 인간관계나 커뮤니케이션 능력의 저하에서 찾다 보니 니트와 히키코모리, 프리타, 파라사이트 싱글 간의 경계가 애매해졌고, 대상 또한 불분명해졌다. 이런 상황에서 매체 기사나 전문 서적 등 각종 데이터에 입각해 니트론을 비판적인 관점에서 분석한《'니트'라고 부르지 마!》라는 책이 화제를 모으기도 했다. 이 책에서 고토 가즈토모는 근거가 명확하지 않은 개념으로 청년층을 과도하게 경시하는 언설을 '속류와카모노론'이라고 비판하면서 니트론 현상에 대해서 다음과 같이 지적한다.

> 본래 일본에서 니트라는 말은 15~34세의 청년 중 취직도 하지 않으면서 교육도 받지 않고 있는 사람들을 가리키는 말로만 쓰여야 한다. 그러나 니트론의 현상을 보면, 니트라는 말은 어쩐지 '이해되지 않는 존재', 혹은 '가여운 존재', '추락한 존재'로서 수용되고 있는 경향이 강하다. 이러한 경향은 일본에서의 니트론이 사회 구조의 문제보다도 청년들의 내면의 문제를 빈번히 문제시해 왔던 것으로부터 생겨난 것이라고 할 수 있다.
>
> - 혼다 유키 외,《'니트'라고 부르지 마!》

그런데 이러한 정의상의 혼란은 속류와카모노론에만 그치지 않는다는 게 문제다. 2010년에는 한 정부 아래의 내각부와 후생노동성이 히키코모리에 대해서 서로 다른 개념을 가지고 조사하기도 했다. 내각부가 실시한 히키코모리 전국 실태 조사

(15~39세 대상)에 따르면, 히키코모리에 해당하는 자가 일본 전국에 69.6만 명이 있는 것으로 추정된다고 한다(〈청년 의식에 관한 조사 골자 – 히키코모리 조사若者の意識に関する調査(ひきこもりに関する実態調査)骨子〉, 내각부, 2010년 7월 26일). 반면 후생노동성이 실시한 조사에서는 히키코모리에 해당되는 사람이 전국에 약 32만 명이 있다고 추정하고 이들을 또한 니트의 개념인 '취업을 희망하지 않는 자'에 포함시키고 있다(〈근로 청소년을 둘러싼 현상에 대해서勤労青少年を取り巻く現状について〉, 후생노동성직업능력개발국커리어형성지원실厚生労働省職業能力開発局キャリア形成支援室, 2010년 12월 3일). 이 정의를 둘러싸고 다양한 논의가 이루어졌지만 여전히 많은 사람들은 니트를 히키코모리 가운데서도 학교 졸업 후에 무직인 사람으로 파악하고 있다.

이 같은 정의를 보면 니트가 프리타보다도 더 낮게 위치 지어지고 있음을 알 수 있다. 프리타라는 말에는 정규직을 얻기 힘든 사회 상황과 그들이 최소한의 노동 의욕은 가지고 있다는 전제가 반영되어 있기 때문이다. 이것은 무엇을 의미하는 것일까? 프리타에서 니트로 와카모노론이 이동한 것은 날로 심각해져 가고 있는 일본 청년 문제의 원인을 개인에게 떠넘기기 위함으로 보인다. 문화평론가인 구리하라 유이치로栗原裕一郎는 니트 문제를 개인의 속성 문제로 이해한 단적인 사례로 2005년도에 후생노동성이 조직한 '청년들의 인간력을 높이기 위한 국민회의若者の人

間力を高めるための国民会議'프로젝트를 지적한다. 즉 고용의 유연화에 따라 생긴 청년층의 고용 문제를 개인의 의욕 문제로 보려는 일종의 전략이라는 것이다(〈최후의 프리타 소설과 니트인 '나'最後のフリーター小説とニートな「私」〉,《유리이카ユリイカ》, 2006년 2월호).

영국에서 수입한 니트라는 말은 일본적인 맥락 속에서 '응석꾸러기', '자기 책임' 등의 표현으로 비하되어 일본의 청년 노동시장이 가진 문제점에는 눈을 감은 채 오로지 청년과 그 가족에게만 책임을 지우는 언설이 되었다. 이후 니트 지원 단체들을 중심으로 니트, 프리타가 처해 있는 상황을 현장의 목소리에 기초해 분석한 시도가 없었던 것은 아니지만 대세는 니트들을 사회에 복귀시키기 위한 지원 매뉴얼을 만드는 것으로 귀결되었다.

대중문화를 통해 읽는 니트론 − 저성장 시대의 청년상

여전히 니트에 대해서 부정적인 이미지가 압도적이지만, 시대를 조금 거슬러 올라가면 다른 양상도 관찰할 수 있다. 사회학자 나이토 아사오內藤朝雄는 전후 일본 문학에서 니트적인 삶을 소재로 삼은 것들이 꽤 많았음을 지적하면서 다음과 같이 이야기하고 있다.

옛날부터 세상에는 다양한 니트가 서식해 왔다. 부잣집의 바보

자식이라든가 도락가道樂者인 아버지라든가, 나이 들어서도 빈둥빈둥거리는 밥벌레들은 악담을 들어 가면서도 세상의 풍경에 녹아 들어가 있었다. 문학이나 옛날 한 시기의 학문은 부잣집의 바보 자식이 재산을 탕진해 가면서 행한 도락의 일종이 아니었던가. 출가나 은거에의 동경도 있었다. 종교라는 문화는 그런 동경과 부지불결부돼 있었다. 생각해 보면, 부처도 예수도 니트가 아니었을까.

― 나이토 아사오, '너도 니트다おまえもニートだ',

〈도쿄図書신문〉, 2005년 3월 19일

니트적인 삶이 비난의 대상이 아니라 동경의 대상으로 여겨지기도 했다는 것을 지적하는 대목에서는 '과연!'이라고 동의하지 않을 수 없다. 문학가나 예술가들의 삶과 작품이 니트적인 삶과 꽤 연관되어 있다는 것은 우리에게 다른 시야를 열어 준다. 니트적인 삶은 이질적이고 그래서 배척해야 할 대상이 아니라, 다른 삶의 양식으로 주류적인 삶을 성찰할 수 있다는 메시지를 담고 있기 때문이다.

그런데 여기서는 시대를 거슬러 올라가 니트적인 삶의 의미를 검토하기보다는 니트 담론이 생겨난 후 니트를 다룬 소설, 드라마를 통해 일본의 니트론이 어떻게 변화해 왔는지 살펴보고자 한다. 그중 원작 소설이 유명해서 드라마화된 〈프리타, 집을 사다フリーター、家を買う〉(후지TV, 2010)와 〈하류의 연회下流の宴〉(NHK,

2011)를 골라 보았다.

〈프리타, 집을 사다〉는 요즘 인기 있는 소설가인 아리카와 히로有川浩의 소설[2]을 드라마화한 것이다. 일본의 인기 그룹인 아라시의 멤버 니노미야 카즈나리二宮和也가 출연해서 평균 시청률 17%대를 유지할 정도로 화제를 불러온 바 있다. 줄거리를 정리하면 다음과 같다.

다케시 세이지는 대학 졸업 후 취직을 하지만 적응하지 못하고 3개월 만에 회사를 그만둔다. 이후 그는 재취업도 하지 않고 프리타 생활을 하면서 지낸다. 그것이 원인이 돼 아버지와의 말싸움은 끊이지 않고, 어머니는 그런 세이지를 감싸 준다. 하지만, 어느 날 주변 사람들로부터 지속적으로 따돌림을 당하던 어머니가 우울증에 빠진다. 그래서 이사를 가려고 하지만 여의치 않다. 지금 살고 있는 집은 아버지의 회사로부터 거의 무상으로 임대받은 것이라서 그다지 돈이 들지 않지만, 새로운 집으로 이사를 가려면 꽤 큰돈이 든다. 지금 집에는 그만한 돈이 없다. 이러던 차에 세이지는 누나로부터 야무지지 못한 모습과 어머니의 고통을 알아차리지 못한 데 대한 지적을 받고 이대로는 안 되겠다고 결심한다. 그는 우선 취직하는 것, 그리고 100만 엔을 저축해서 새로운 집을 구하는 것을 목표로 정한다. 세이지는 어머니를 위

---

2 한국에는 《백수 알바 내 집 장만기》(2010)라는 제목으로 번역 출간되었다.

해, 그리고 가족을 위해 있는 힘을 다해 아르바이트와 취업 활동에 전념하고 어머니 병간호에도 열성을 다한다. 그리고 얼마 후 그는 자신의 목표를 이루어 프리타로부터 탈출한다.

〈프리타, 집을 사다〉는 어디까지나 성공 스토리의 홈드라마이다. 드라마 속의 프리타는 개인의 내면의 문제로만 묘사되고, 프리타로부터 탈출하는 것이 하나의 성공 스토리로 정리된다. 그리고 그 계기는 가족의 현실을 타개하기 위한 청년의 자각이다. 이런 점에서 이 드라마는 〈하류의 연회〉와 대조적이다.

〈하류의 연회〉는 일본에서 꽤 인기 있는 소설가 하야시 마리코林真理子의 동명 소설을 드라마화한 것인데 시청률이 그다지 높지는 않았지만 니트인 자신을 끝까지 긍정하는 주인공의 모습이 인상적이었다. 드라마 방영 후에는 〈이 등장인물에 대해서 말해 보자この登場人物について語ろう〉라는 사이트가 생길 정도로 인터넷상에서 뜨거운 논의가 펼쳐졌다. 이 드라마의 주요한 등장인물은 주인공 쇼와 쇼의 부모님, 쇼의 여자 친구 다마오, 그리고 쇼의 누나인 카나이다. 하류 지향적인 쇼와 다마오, 그리고 상류 지향적인 어머니와 누나 사이의 갈등이 스토리의 기본 축이다. 줄거리를 정리해 보면 다음과 같다.

대기업에 근무하는 남편을 둔 쇼의 어머니는 전업주부이고 의사의 딸이라는 자부심이 강하며, 자신은 상류 인간이라고 믿고 있다. "사람은 10을 노력하면, 20, 30도 가능해요. 학력은 중

니트를 주요 소재로 다룬 드라마 〈하류의 연회〉. 니트인 자신을 끝까지 긍정하는 주인공의 모습이 인상적인 드라마였다.

요한 것이니까 어쨌든 노력하세요"라는 어머니의 가르침 아래에서, 쇼는 진학고[3]에 진학한다. 하지만, 어머니의 과잉 기대 때문에 중압감에 시달린 그는 고등학교를 그만두고, 네트카페에서 아르바이트를 하면서 지낸다. 어머니는 어떻게 해서든지 쇼를 입시 학원에 보내 대입 검정고시를 보게 하려고 하지만 잘 되지 않는다. 어머니와 쇼의 갈등은 네트게임의 오프라인 모임을 통해서 알게 된 여자 친구 다마오가 등장하면서 격화된다. 다마오는 오키나와沖縄 출신으로, 상경해서 도쿄에서 프리타 생활을 하고 있다. 어머니와 말싸움 중에 쇼는 가출하고 다마오와 동거 생활을 시작한다. 만난 지 두 달 만에 두 사람은 결혼을 약속하고

---

3 한국과 달리 일본은 대학 진학률이 50%밖에 안 된다. 그래서 인문계 고등학교 중에서도 대학 진학을 목표로 하는 학교를 따로 '진학고'라고 부른다. 세칭 '명문고'이다.

어느 날 쇼의 어머니에게 인사를 하러 오지만, 다마오를 본 어머니는 "자라 온 환경이 나쁘다", "사는 세계가 다르다"면서 다마오를 하류 인간으로 단정하고 문전박대를 한다. 다마오는 묻는다. 그러면 어머니는 상류 인간이냐고. 어머니는 자신은 의사의 딸이기 때문에 당연히 상류 인간이라고 되받아친다. 이에 다마오는 그러면 자신이 의사가 되면 결혼을 허락하겠냐고 묻는다. 어머니는 할 수 있으면 그렇게 해 보라고 내뱉는다. 이 일을 계기로 다마오는 의대 수험 준비를 시작한다. 지금까지 쇼와 비슷한 일상을 보내 온 다마오는 전혀 다른 사람이 돼 수험 공부에 몰두하고, 점점 그 세계에 적응하기 시작한다. 2년 후 다마오는 당당히 의대에 합격하게 된다. 쇼의 어머니는 결국 그녀를 인정하게 되고 두 사람의 결혼을 허락한다. 그런데 이때 쇼가 다마오에게 헤어지자고 말한다. 다마오의 노력이 대단하다 생각하고 진심으로 그녀의 합격을 축하하지만 그렇게 노력하는 인간 옆에 있는 게 너무 힘들다고, 자기도 위를 향해서 열심히 노력해야만 할 것 같은 압박이 너무 싫다고 말이다. 그는 이미 다마오가 자기와는 다른 세계의 사람이 되어 있으며 — 단순히 의대에 합격해서가 아니라 그녀가 위로 올라가려고 노력한다는 점에서 — 언젠가는 자기 같은 하류 지향적인 인간을 멸시하게 될 거라고 말한다.

쇼의 아버지와 누나인 카나에 대한 이야기도 이 드라마를 풍부하게 하는 또 하나의 흥미로운 에피소드이다. 회사의 합병으로 쇼의 아버지는 본사에서 쫓겨나 자회사로 이동하는데 부장이라는 직책을 잃을 뿐 아니라 월급의 반이 삭감된다. 카나는 어머니의 영향을 받아서 대기업 금융회사에 근무하는 남자와 결혼하지만, 그 남자가 우울증에 빠지게 되자 결국 아이를 데리고 친정으로 들어오게 된다. 이 두 에피소드를 통해서 다마오가 점점 상류사회로 진입하는 것과 반대로 더 높은 상류사회를 지향했던 쇼의 집은 어느새 하류로 전락해 버리는 모습을 그리고 있다.

이 드라마의 핵심은 다마오와 결별을 선언했다는 쇼의 이야기를 듣고 어머니가 처음으로 쇼를 인정하게 되는 장면이다. 정확히 이야기하면, 인정이라기보다는 쇼를 바꾸겠다는 생각을 버리게 된 것이다. 쇼의 어머니는 결코 변하지 않는 하류 지향의 타입이 존재한다는 것을 인정한다. 그렇다고 자신의 가치관을 바꾼 것은 아니다. 드라마의 마지막 장면에서 그녀는 카나의 아이, 그러니까 자기의 손자를 향해 "사람은 10을 노력하면, 20, 30도 가능해요. 학력은 중요한 것이니까 어쨌든 노력하세요"라고 말한다. 아들에게는 자신의 교육 방침이 실패했지만 손자에게는 다시 시도해 보고 싶은 것이다.

〈하류의 연회〉의 쇼는 〈프리타, 집을 사다〉의 세이지와 달리 끝까지 변하지 않는다. 그뿐만 아니라 이야기가 전개될수록 그는 니트적인 특성이 자기의 본질임을 점점 확신해 간다. 쇼의 어머니는 끝까지 상승 지향적인 태도를 버리지 않는다. 유일하게 바뀐 것은 쇼의 여자 친구였던 다마오이다. 나는 이 드라마에서 주인공인 쇼가 니트를 탈출하지 않은 것이 무엇보다 의미 있게 다가왔다. 〈이 등장인물에 대해서 말해 보자〉라는 사이트에는 쇼의 행동을 두고 엇갈린 의견이 많이 올라와 있다. 대체로 다소 연배가 있는 세대는 쇼를 '틀려먹은 인간'으로, 비교적 젊은 층은 '이해할 수 있는 인물'로 받아들이고 있었다. 두 가지 대표적인 의견을 인용해 본다.

"쇼의 부드럽고 상냥한 성격에 지지를 보내는 목소리도 있는 것 같다. 그러나 살아가기 위해서 죽을 둥 살 둥 애쓰는 것에 인생의 포인트가 있다. 나도 고교 졸업 후 철강회사에 입사해서 사회의 냉혹함에 좌절의 연속이었지만, 그때마다 기어오르려고 애쓰며 스스로를 단련시켰기에 지금의 내가 있다고 생각한다. 사회인은 모두 비슷하다. 괴롭고 힘든 일을 해 나가면서도 끝까지 도망치지 않고 어떻게든 버텨 나가는 쇼의 아버지가 최고의 모델인 것이다."

"나는 바뀌지 않는 쇼가 좋다. 이 드라마는 끝까지 노력해서 성공하는 상승 지향의 극단에 있는, 패배를 아는 인생, 탈선해서 다른 세상이 보이는 그런 철학적인 관점에 매력이 있다고 생각한다. 회사에서 구조 조정을 당한 아버지, 우울증에 빠져 괴로워하는 엘리트, 그런 남편을 끝까지 지원하지 못하고 친정으로 되돌아온 딸, 그런 사람들의 어쩌지 못하는 감정이, 생각대로 되지 않는 지금의 나와 닮아 있는 것 같다. 열심히 노력해도 잘 되지 않는 사람, 열심히 노력할 기력도 잃어버린 사람들이 많은 세상이기 때문에, 힘이 빠져 버린 쇼의 기분에 이상하게도 평온함과 힘을 얻은 기분이다."

— 〈이 등장인물에 대해서 말해 보자〉 사이트

특히, 이 후자의 의견은 대단히 중요한 부분을 말해 준다. 상승 지향, 승자 독식, 일부의 사람만이 성공을 손에 넣는 게 가능한 세상, 정사원이 돼도 언제 잘릴지 모르는 세상. 이런 세상 속에서 쇼의 삶의 방식은 주류의 삶에서 벗어난 패배한 사람들의 삶에서 볼 수 있는 또 다른 삶의 방식을 알려 주고 있는지도 모른다. 이 드라마의 각본을 쓴 나카조노 미호中園ミホ가 말하는 것도 다르지 않다.

고교를 중퇴하고 프리타로 살아가는 20대의 청년. 패기도 없고 돈 욕심도 성욕도 그 어떤 욕심도 없어 보이는 청년…… 언제나 상냥하고 솔직하며 적을 만들지 않고, 평온한 인생을 조용히 보내고 싶어 한다. 그런 쇼와 같은 삶의 방식도 있을지도 모른다.

— 〈하류의 연회〉 홈페이지 소개란

잘 생각해 보면 니트로서 묘사되는 쇼의 삶의 방식은 어떤 의미에서 2000년 후반에 붐이 인 적이 있는 초식남과도 공통점이 있다. 초식남은 2006년 〈니케이비즈니스온라인日経ビジネスオンライン〉[4]의 '35세 이하 남자 마케팅 도감U35男子マーケティング図鑑'에서 칼럼니스트 후카자와 마키深沢真紀가 명명한 것을 계기로 붐을 탔으며, 2009년에는 신조어·유행어 대상에서 1위를 하기도 했다. 아베 히로시阿部寛 주연의 〈결혼 못 하는 남자結婚できない男〉(후지TV, 2006) 역시 초식남을 소재로 한 드라마였다. 초식남의 특징은 이렇다. 우선 과소비를 하지 않으며, 연애에는 별 관심이 없다. 주변에 연인 관계가 아닌 여자 친구들이 많이 있으며, 데이트를 할 때는 더치페이를 한다. 회사나 사회가 돌아가는 것에 대해 무관심하고, 출세욕이 그다지 없고, 술을 마시거나 담배를 피지 않고, 평화주의자여서 다투는 것을 싫어한다. 한때 경제 분석가들은 물건이 팔리지 않는 원인을 초식남에서 찾기도 했지만 니트만큼 비판받지는 않았다. 그도 그럴 것이 니트는 노동이라는 관점으로부터 비롯된 개념이고, 초식남은 소비나 라이프스타일로부터 비롯된 개념이기 때문이다. 니트는 의욕이 없고, 초식남은 욕망이 없다. 모두 욕欲이 없다. 청년들 사이에서는 욕망을 드러내는 걸 까닭 없이 싫어하는 경향도 보인다.

---

4 〈니혼케이자이신문〉이 운영하는 온라인 서비스. business.nikkeibp.co.jp

이렇게 보면 니트, 초식남 모두 저성장 시대에 접어든 일본 사회에 필연적으로 나타날 수밖에 없는 청년상인지도 모른다. 남성들에게 많이 보이기 때문에 '남성성 = 의욕적이다 = 근대적인 삶'에 기초한 사회의 발전 구조에 대한 한계를 민감하게 알아차린 청년들의 모습이라고도 말할 수 있다. 기성세대 사이에서는 니트론을 '하류사회(=의욕 없음)론'과 결부시켜 비판적으로 보는 관점이 지배적이지만, 젊은 층에서는 초식남 현상과 맞물려 '하류 = 힘을 뺌, 안온함, 패배를 아는 인생'이라는 형태로, 지금의 주류적인 삶과는 다른 삶의 형식을 발견하는 계기로 받아들이기도 한다.

〈하류의 연회〉에는 또 하나 인상 깊은 장면이 있다. 하류로 전락한 가족이 모두 식탁에 둘러앉아 즐겁게 식사를 하는 장면이다. 마치 긴 갈등 끝에 평화를 찾은 것처럼 모든 욕심을 버렸을 때만 얻을 수 있는 평온함 같은 게 느껴졌다.

니트 감성이 세계를 구한다 – 새로운 니트운동의 가능성과 한계

최근 하류사회론에 대해서 긍정적으로 해석하는 시도들이 보인다. 특히 3.11 이후 원전 문제를 둘러싼 논의들이 하나의 실마리가 된 것 같다. 원전을 둘러싼 문제점을 지적하면 할수록 그것은 근대사회, 국가 모순의 집합체임이 드러났다. 정치가나 관료,

뉴스타트센터가 매년 주최하는 니트 축제. 행사가 거듭될수록 점점 당사자인 니트들이 니트적인 것을 21세기적인 라이프스타일로서 받아들이고 있다는 점이 상징적이다. (출처: 무직페스티발 (無職Fes) 홈페이지. http://mushoku.net/fes)

거대 전력회사가 한 몸이 되어 움직이는 원전 사회는 후쿠시마 같은 힘없고 약한 지역을 희생시키는 체제이다. 식민지 정책에 의한 경제성장의 또 하나의 사례라고 할 수 있다.

이런 관점에서 보면 '상류 지향 = 강한 의욕'이라는 태도는 경제성장이라는 이름하에 힘없는 지역이나 사람들, 생물들을 마구 파괴시켜 온 것이다. 이에 비해, '하류 지향 = 의욕 없음'은 인간이나 자연을 위해서 '경쟁이 아니라 연대', '파괴가 아니라 공생'을 추구하는 태도가 아닐까.

니트를 지원하는 NPO 뉴스타트센터의 대표인 후타가미 노우키二神能基는 한국에서도 번역된《희망의 니트 – 현장에서의 메시

지希望のニート—現場からのメッセージ》(2005)[5], 그리고 《니트가 열어 가는 행복 사회 일본ニートがひらく幸福社会ニッポン》(2012) 등의 책을 썼는데, 니트라는 존재를 '희망', '행복'이라는 말로 표현하는 몇 안 되는 활동가이기도 하다. 뉴스타트센터가 매년 주최하는 니트 축제는 '노동은 타락이다'라는 다소 과격한 슬로건을 내걸고 있다. '근면이 인간을 행복하게 한다'라고 생각해 온 20세기적인 노동 가치관이 학교교육 이념의 기초가 돼 부모 자식 간의 관계를 파괴하고 관계의 소원함을 불러왔으며, 많은 사람들을 자살로 내몰기도 했다는 것을 환기시키려고 그런 것 같다. 2012년에는 세계 어디에서도 볼 수 없는 일본의 법정 공휴일 '근로 감사의 날'[6]에 대해서 '근로 감사의 날을 깨부수자 청년 집회' 등의 이벤트를 벌이기도 했다.[7]

"일본의 니트, 히키코모리적 감성이 세계를 구한다! 멋진 글로벌 인재를 키우는 것도 좋지만, 히키코모리 선진국인 일본이라서 가능한 것이 있다. 세계의 청년들이 궁지로 내몰리고 있는 지금, 아등바등하지 않고 상대를 차 버리지 않는 니트, 히키코모리

5 한국에는 《일하지 않는 사람들 일할 수 없는 사람들》(2005)이라는 제목으로 번역 출간되었다.
6 전 세계가 공통으로 기념하는 5월 1일 노동절 대신, 일본은 11월 23일을 법정공휴일인 '근로 감사의 날'로 지정해 기념한다. 한국은 우여곡절을 겪은 후 5월 1일 노동절을 '근로자의 날'이라는 이름으로 지내고 있다.
7 뉴스타트센터의 구체적인 실천에 대해서는 《일하지 않는 사람들 일할 수 없는 사람들》을 참조.

감성이 즐거운 다음 세대를 만든다"라는 니트 축제의 캐치프레이즈. 여기에 후타가미는 "서로 빼앗고 뺏기는 가치관에 기초한 20세기적인 행복이 아닌, 내가 감당할 수 있는 속도로 일하며, 서로 나누어 가지는 것에 기초한 21세기적인 행복 사회를 향해 나아가야 한다"고 덧붙였다.

해가 거듭될수록 점점 당사자인 니트들이 니트적인 것을 21세기적인 라이프스타일로서 받아들이고 있다는 점도 상징적이다. 하류를 상류의 반대어로서 파악하는 게 아니라 기능 불능에 빠져 있는 현대 자본주의사회 속에서 꿋꿋이 살아가기 위해서 필요한 실천이라는 관점으로 바라본다. 마츠모토 하지메와 스즈키 겐스케鈴木健介가 함께 쓴《사요나라 하류사회サヨナラ下流社会》(2008)에서도 하류적인 가치관은 미래적인 의미를 띠고 있다. 주류 사회에 편입되지 않고 자기 길을 가는 한국의 청년들을 인터뷰한《발칙한 반란을 꿈꾸는 요새 젊은 것들》(단편선 외, 2010)과 비슷한 컨셉의 책이라고 할 수 있는데, 대상 면에서 좀 더 소박한 게 특징이다. 레코드점을 운영하며 손님이 좋아하는 것보다 자기가 좋아하는 레코드를 판매하는 청년, 한국의 촛불집회에서 영감을 받아서 시민 미디어운동을 시작하게 된 청년, 시군 통폐합으로 자기들의 소중한 고향의 이름을 잃어버린 후 여기에 저항하고자 밴드를 결성한 청년들의 이야기 등 돈이나 지위보다도 더 중요한 게 있는, 경쟁 사회와 다른 가치관으로 살기 시작한 15명의

청년들의 목소리가 생생하게 담겨 있다. 이런 관점에 서면, 니트 운동을 다운시프트, 슬로라이프, 초식남, 제로엔 하우스 등과 나란히 동시대의 청년들이 행하고 있는 새로운 실천으로 파악할 수도 있을 것이다.

니트 축제로 대표되는 니트운동은 앞으로 얼마나 넓어질 수 있을까. 솔직히 말해서, 위에서 언급한 다른 움직임들과 달리 니트(에 의한)운동은 파급 효과가 그다지 커 보이지 않는다. 그것은 니트가 (현대) 사회를 살아가는 사람들의 최소한의 영위라고 할 수 있는 노동을 방기하는 이미지가 강하기 때문일 것이다. 2년 전부터 후타가미와 스태프들은 축제를 기획하면서 니트를 21세기형 라이프스타일로서 적극적으로 제시하고자 했지만, 정작 당사자인 니트들은, 뭐랄까, 말하는 태도나 내용조차 하나도 바뀌지 않았다. 매년 그들이 어떻게 성장해 가는지를 궁금해하면서 니트 축제에 참가하고 있는 나는 언제나 "글쎄 뭐 특별히", "그렇네요", "잘 모르겠어요" 등의 말만 반복하는 그들의 모습을 보며 말할 수 없는 허무감에 사로잡혔다. 그런데 2013년 8회를 맞은 니트 축제에서 한 청년의 발언을 듣고 그들이 그렇게 반응하는 이유를 분명히 알 수 있었다.

"중동이나 한국에서는 대규모의 데모가 이루어지고 있지만 나로서는 그 후 어떻게 될 것인가 하는 의문이 있어요. 나는 데모와 같

이 사람들을 환기시키고 에너지를 방출하는 것보다는 힘 빼고 이
대로 살아가는 게 좋아요."

이 이야기를 듣는 순간 내가 느꼈던 허무감의 배경에 무엇이
있는지 깨달았다. 그동안 나는 사회운동이란 사회에 대한 모순
을 자각하고, 분노하고, 타개하려고 행동하는 것, 혹은 사람들에
게 그렇게 하도록 환기시키는 데모 같은 것이라고 상정하고 있
었다. 그래서 사회에 대한 분노조차도 느끼지 못하는 니트들에
게 답답함을 느끼고 있었던 것이다. 이러한 나의 느낌은 문예비
평가인 스기타 슌스케杉田俊介가 쓴《프리타에게 '자유'란 무엇인
가フリーターにとって「自由」とは何か》(2005)에서도 엿볼 수 있다.

그런데 말이야, 단순 솔직하게 이렇게 느꼈어. 프리타 계층의 사
람들은 정말 더욱 분노를 사회에 쏟아내도 좋다라고. 왜 우리들
은 분노하지 않는가. 우리는 왜 매일매일 피로와 불안의 밑바닥에
서 소모돼 버리고 마는 것일까. 상황이 너무 심각하지 않아? 상황
이 심각하다는 걸 알아차리지도 못하고, 정말로 화조차도 낼 수 없
는 게 심각한 게 아닐까. 나는 우선 이 무감각한 '아무 생각 없음'
의 피부를 열어젖혀, 당신들의 본심의 목소리를, 진심의 분노나 신
음 소리를 듣고 싶어!

- 스기타 슌스케,《프리타에게 '자유'란 무엇인가》

여기에 대해 문화연구자인 사이토 다마키齋藤環는, 이런 고발 그 자체가 소중하다는 것을 인정함과 동시에, 분노를 표현할 수 없을 뿐만 아니라 고통과 분노조차 느낄 수 없는 것에 대한 안타까움에 주목하지 않을 수 없다고 한다(사이토 다마키, 〈'니트'는 존재하지 않는다「ニート」など存在しない〉,《유리이카》, 2006년 2월호). 그런데 분노를 표출하지 않는, 아니 분노조차 느끼지 못하고 있는 프리타, 니트 청년들의 모습이 마냥 안타깝고 답답한 것은 데모로 대표되는 근대적인 사회운동이라는 관점하에서만 그들을 바라보고 있기 때문은 아닐까.

지금까지 나는 '한국의 88만원 세대들'의 반값 등록금 투쟁 등을 보며 부러운 나머지 좀처럼 행동하지 않는 일본의 청년들에게 조바심이 나 있었다. 그런데 가만히 생각해 보면 나의 인식은 어떤 의미에서 '상류 지향 = 근대적인 행동 양식'이라는 사고에서 벗어나지 못한 것일지도 모른다. 이번 니트 축제에서 눈길을 끈 또 하나의 에피소드는 '자신이 니트가 된 것은 사회의 탓이라고 생각하는가'라는 질문에 대해서 거의 전원이 '자신의 탓'이라고 대답했다는 것이다. 이런 대답을 신자유주의 정책하에서 미디어나 사회적 담론이 생산한 자기 책임론의 영향과 관련지어 파악할 수도 있지만, 그것만으로는 이해할 수 없는 부분이 있다. 그들은 사회에 그다지 흥미가 없으며 사회를 바꾸겠다는 의욕은 더더욱 보이지 않는다. 놀랍게도 그들에게는 자기 자신이 정말 문제인 것이다. 자기 정체성을 사회적 관계에서 찾으려고 하는 게 아니라, 자기 내면의 세계에서만 찾으려고 하는 자세가 특징이라면 특징일까. 그런데 관점을 바꾸어 보면, 그들 자신이 전혀 느끼지 못하고 하는 행동, 몸짓 그 자체가 후기 근대의 새로운 운동의 존재 방식을 구현하고 있는지도 모른다. 무기력이라고 말할 수밖에 없는 니트 청년들의 일상 행위를, 기성세대가 끝없이 추구해 왔던 '상류 지향'에 대한 거부이자 기존 사회에 대한 일종의 소극적인 저항으로 파악할 수 있지 않을까.

마지막으로, 니트운동에서 잊지 말아야 할 것 중 하나인 젠더적인 관점에 관해 조금 덧붙이려고 한다. 최근 뉴스타트센터에서 적극적으로 행하고 있는 실천 중 하나는 결혼 민영화이다.[8] 일본에서는 니트인 남성과 결혼하는 여성이 서서히 늘어나고 있다. 《니트가 열어 가는 행복 사회 일본》에는 '니트를 사랑하는 여성들'이라고 칭해서 니트와 결혼하는 렌탈오네상 レンタルお姉さん[9], 커리어우먼의 예를 소개하고 있다. 일도, 결혼도, 양육도 모두 하고 싶은 여성에게 니트 청년과의 결혼은 제일 좋은 방법이라는

---

8 보다 자유롭고 유연한 결혼 형식이 만들어지길 기대한다는 의미에서 '민영화'라는 표현을 쓴 것 같다.

9 직역하면 '빌린 누나'라는 뜻인데, 모든 대화를 거부하고 자기 방에만 은둔해 있는 히키코모리를 밖으로 불러내기 위해서 파견된 스태프를 일컫는다. 히키코모리의 닫힌 마음이 상냥한 누나 스태프에게는 열릴 수 있을지 모른다는 생각에서 뉴스타트센터가 도입한 프로젝트이다.

이야기이다. 이러한 사례는, 기존의 남성성, 여성성의 붕괴에 따른 새로운 라이프스타일이고, 이른바 '초식남×육식녀[10]'의 예라고도 말할 수 있다.

후타가미는 21세기에는 '남자는 일, 여자는 가사'라는 20세기형의 남녀 역할론이 아니라 '여자는 일, 남자는 가사'라는 새로운 가치관이 상식이 되어 있을 것이라고 말한다. 이러한 사례는 '남자는 일'이라는 20세기적 가치관에 묶여 있기 때문에 결혼을 방기하고 있는 니트 청년에 대한 새로운 가능성을 시사하는 면에서는 의미가 있다. 그렇지만 이런 관점 또한 결혼과 출산을 장려하는 20세기적 가치관에 묶여 있다고 볼 수 있다. 니트를 사랑하는 여성들이 늘어나고 있는 현상 역시 남성성의 붕괴라기보다는 여성의 남성화로 해석하는 게 더 옳을지도 모른다.

투표에 무관심하고 내향적인 스타일을 견지하며 사회와의 접점을 끊고 연금조차 내지 못하는 청년들은 앞으로 더욱 증가할 것이다. 이들이 세대 간의 격차, 젠더의 격차를 메워 가면서 20세기형의 사회를 붕괴시키는 역할을 할 수 있을까? 니트론의 미래가 궁금하다.

---

10 초식남을 사냥감으로 하는 여성, 남성과 교제하려고 적극적으로 행동하는 여성을 부르는 말이다. 초식남과 대비되는 의미로 만든 말이다.

6장

획일성 속에서 추구하는
'개성'이라는 퍼포먼스

일본 대학생들의 취업 활동

우리가 하는 취업 활동, 이상하지 않나?

2011년 11월 23일. 이날은 법정공휴일인 근로 감사의 날이
었다. 이날 도쿄의 신주쿠新宿에서 '취업 활동¹'을 때려 부수자就
活ぶっこわせ'라는 시위가 일어났는데, 100명 이상의 청년들이 참
가했다. 이 취업 활동 반대 데모는 2009년 홋카이도北海道 삿포

---

1 취업 활동(就職活動)을 줄여서 '슈카츠(就活)'라고 하는데, 이 말은 단순히 취업 준비를 하
고 있다는 일반명사가 아니다. 일반적으로 대학 3학년 2학기 때부터 4학년 2학기 때까지
1년 6개월 동안 대학생들이 하는 취업 활동을 슈카츠라고 말한다. 그리고 이 슈카츠라는 말
에서 결혼 활동(結婚活動)의 줄임말인 '곤카츠(婚活)'라는 말도 나왔다.

로札幌에서 시작되었다. 그 후 도쿄, 오사카大阪로 확대돼 갔고, 2011년의 데모는 미디어에서도 주목했다. 참가한 청년들은, "취업 활동 너무 길어!", "수업을 들을 수 있게 해 줘!", "글로벌 시대라고 하면서도 신규 졸업생 일괄 채용은 문제 있어!", "채용 기준을 명확히 해라!", "청년 세대들은 분노하고 있다!" 등의 구호를 쏟아 냈다. 덧붙여 이들은, 학생들의 불안을 부채질함으로써 돈벌이에만 골몰하는 취업 비지니스 업계의 문제, 학생들을 과도하게 취업 활동으로 내모는 대학교 취업지원과의 문제 등도 제기했다. 이 데모의 배경에는 최근 들어 취업 활동 스트레스로 정신질환을 앓고 있는 학생들이 급증하고, 나아가 취직에 실패한 후 자살하는 학생 수가 증가하는 현실이 놓여 있다.

뇌과학자이자 작가인 모기 겐이치로茂木健一郎는 취업 활동을 하고 있는 청년들게 다음과 같은 메시지를 남겼다. "3학년 12월부터 일괄적으로 강요하는 일본의 취업 활동은 세계적으로 보면 비상식적이다. 당신들은 보다 좋은 일본 사회를 만들기 위해 열심히 운동을 해라. 이대로 가면 일본은 가라앉을 뿐이기 때문이다."[2]

이러한 상황을 반영해서 2013년 7월에는 도시샤同志社대학교에

---

2 모기 겐이치로의 개인 홈페이지(茂木健一郎, The Qualia Journal), 2010년 3월 4일. http://kenmogi.cocolog-nifty.com/qualia/2010/03/post-f19a.html

2011년 11월 23일 신주쿠에서 "취업 활동을 때려 부수자"라는 슬로건 아래 청년들이 모여 데모를 하고 있다. 청년 실업 문제가 심화되고 있는 가운데 청년들이 취업 활동 시스템의 시정을 요구하며 목소리를 높인 것이다.
(출처: 유튜브 동영상 캡쳐. www.youtube.com/watch?v=JLkY4884S58)

서 '기리시마, 취업 활동 그만둔대'[3]라는 취업 문제 강연회가 열리기도 했다. 대학 교수를 비롯해 양심적 취업 활동 거부자[4], 취업 활동 탈락자 등 다양한 청년들이 모여서 흥미로운 이야기를 쏟아 냈는데, '취업 활동 외에 우리가 살아가는 길은 없을까?'라는 제목을 단 강연 취지는 다음과 같이 되어 있었다. "많은 대학생이 취업 활동 전선에 내몰리고 있는 상황 속에서, 자기의 의지

3 '기리시마, 취업 활동 그만둔대(桐島, 就活やめるってよ)'라는 캐치프레이즈는 《누구》의 저자이기도 한 아사이 료의 《기리시마, 동아리 활동 그만둔대(桐島, 部活やめるってよ)》(2012)로부터 나온 것이다.
4 사회로부터 강요당하는 취업 활동을 의식적으로 하지 않겠다고 선언한 사람들.

로 취업 활동을 하지 않는 사람, 취업 활동을 그만둔 사람, 취업 활동 이외의 삶을 살아가는 사람들이 있다. 취업 활동이 원인이 돼 자살한 경우가 최근 5년 동안에 3.3배로 증가했으며 취업 활동에 실패한 사람들의 자살율은 전국 평균 2.6배에 달했다. 취업 활동을 하고 있는 사람들도, 앞으로 해야 하는 사람들도, 혹은 취업 활동을 하지 않고 있는 사람들도 취업 활동 이외의 삶, 취업 활동에 압사당하지 않기 위한 생존 기술을 같이 생각해 보자."[5]

검은 정장 차림의 대학생들

일본의 대학 캠퍼스는 봄이 되면 대학 생활에 이런저런 기대를 품고 발을 들여놓은 신입생들의 모습과 더불어 검정색 정장 차림의 취업 준비생들(3, 4학년)의 모습이 눈에 띈다. 생기발랄한 신입생들의 표정과 달리, 취업 준비생들의 표정은 마치 장례식장에 가는 것처럼 어딘가 심란하다. 소설 《누구何者》(아사이 료朝井リョウ, 2012)[6]에서는 이를 다음과 같이 묘사한다.

많은 사람이 같은 정장을 입고, 같은 것을 묻고, 같은 말을 지껄

---

5 도시샤대학교 〈자파스타(ジャバスタ)〉의 취업 문제 강연회 홈페이지 참고.
   http://doshishayabasta.wordpress.com/kirishimasyukatsu
6 같은 제목으로 2013년 한국에도 번역 출간되었다.

인다. 그것이 각자의 의지가 없는 큰 흐름으로 보일지도 모른다. 하지만 그것은 '취업 활동을 하겠다'는 결단을 내린 사람들 한 사람 한 사람의 모임이다. 나는 아티스트나 기업가는 분명 될 수 없다. 그러나 취업 활동을 해서 기업에 들어가면 또 다른 형태의 '누군가'가 될 수 있을지도 모른다. 그런 작은 희망을 바탕으로 큰 결단을 내린 한 사람 한 사람이 같은 정장을 입고 같은 면접에 임하고 있을 뿐이다.

– 아사이 료,《누구》

누가 누구인지 분간할 수 없을 정도로 똑같은 취업 준비생들의 모습은 다른 나라에는 없는 일본의 독특한 '신졸일괄채용^{新卒一括採用}' 시스템이 만들어 낸 것이다. 교육학자인 혼다 유키는 이러한 일본의 취업 시스템을 '한 번밖에 오지 않는 열차'라고 이름 붙였다. 청년 실업 문제가 심화되고 있는 지금, 일본의 청년들을 괴롭히는 것은 취직난이라는 현실과 더불어 바로 신졸일괄채용이라는 시스템이다.

나는 한국의 청년 문제에 관심을 가지고 쭉 관찰해 오면서 토익 공부에 몰두하는 대학생들, 노량진의 공무원 시험 준비생들, 저임금의 임시직에 내몰리는 청년들 등 한국 청년들의 고단한 취업 현실이 항상 마음에 걸렸다. 그러면서 한편으로 '아직 일본 청년들은 행복한 편'이라고 생각했다. 그런데 2005년 귀국 후 대학에서 학생들을 가르치면서 일본 청년들의 취업 문제도 만만치 않다는 것을, 상황이 점점 심각해져 가고 있다는 것을 알게 되었다.

미디어 역시 지금의 상황을 다양한 관점으로 진단하고 있지만 하나같이 사태가 심각하다는 쪽에 초점이 맞추어져 있다. 그리고 자기를 표현하는 것에 서툰 일본 청년들이 지금까지 너무나 당연시돼 누구도 이의 제기를 하지 않았던 신졸일괄채용 등의 취업 활동 시스템에 대해서 목소리를 높이기 시작했다. 자기 책임론으로는 설명할 수 없는 시스템의 문제를 알아차린 것이다.

이런 분위기를 타고, 2013년에는 대학생의 취업 활동을 '리얼'하게 묘사한 소설《누구》가 일본에서 큰 권위를 가지고 있는 나오키상直木賞을 수상하기도 했다. 앞에서 인용한《누구》는 취업 활동을 하나의 통과의례로서 마냥 긍정하는 것도 아니고, 그렇다고 무개성적인 취업 활동을 비웃고만 있는 것도 아니다. 갖은 고생 속에서도 현실을 조금씩 인식해 나가며 조금이라도 '자신다움'을 찾고자 하는 청년들 한 사람 한 사람의 모습을 리얼하게 묘사하고 있을 뿐이다. 아마 이런 부분이 독자들의 공감을 얻은 게 아닐까 싶다.

이 글에서는 일본 사회에서 취업 활동이 문제되기 시작한 배경을 시작으로, 일본 대학생들의 취업 활동을 한국 대학생들의 모습과 비교해 가며 이야기해 보려고 한다. 신졸일괄채용 시스템이 가진 문제점, 그리고 취직을 둘러싼 일본 청년들의 일상과 욕망이 그 핵심이 될 것이다. 그것은《부코스키가 간다》(한재호, 2009), 〈자오선을 지나갈 때〉(김애란,《침이 고인다》) 등의 소설에 나오는 '출구가 보이지 않는 상황 속에서 일상을 버티고 살아가는' 한국 청년들의 모습과 겹쳐 보이기도 한다.《누구》는 기존의 시스템에 안착하려고 생존 전략을 취하는 청년들의 이야기인 동시에 지금까지 그다지 문제시되지 않았던 취업 활동에 대해 말하기 시작한 청년들의 이야기이기도 하다.

일본의 청년들이 유학 못 가는 이유, 신졸일괄채용 제도

일본에서 한국어를 가르치고 있다 보니 학생들에게 가끔 어학연수나 교환학생 제도를 소개할 때가 있다. 그런데 팸플릿을 손에 쥔 채 갈까 말까 망설이는 학생들이 모두 입을 맞춘 듯 하는 말이 있다. "3학년 때부터 취업 활동이 시작되는데 뒤처지지 않을까 걱정돼요." 2~3주간의 짧은 단기 연수라면 모를까 1년 정도의 유학이라면 주저하는 학생들이 적지 않다. 일본에서 한국어를 공부하고 있는 학생이 1년 정도 한국에서 유학한다면 더욱 실력을 키울 수 있고 다양한 경험을 쌓을 수도 있는데, 취업 활동에 뒤처질까 걱정해서 포기하는 건 너무 안타깝다. 왜 그렇게까지 서둘러 인생의 진로를 결정해야 하는 것일까?

앞에서도 잠깐 언급했듯, 일본에서는 대부분 대학을 4년 만에 졸업한다. 휴학을 하는 학생도 찾아보기 힘들다. 대학에 4년 이상 재적하는 학생은 학점을 잘 받지 못했다든지, 뭔가 문제가 있어서 졸업을 연기한 것으로 간주된다. 그래서 다소 부정적인 이미지를 갖고 있는 '유년留年'이라는 말이 붙는다. 이렇게 일본의 대학생들이 대부분 4년 만에 졸업하고 사회로 나가는 것은 신졸일괄채용이라는 취업 시스템 때문이다.

신졸일괄채용이란, 기업이 졸업 예정 학생新卒者을 대상으로 매년 일괄적으로 구인을 하는 일본 특유의 고용 관행을 말한다. 학생들은 재학 중에 채용 시험을 보고, 내정받은 후 졸업하면 곧바로 해당 부서로 인사 발령을 받는다. 신졸일괄채용이라는 제도는 일본의 고용 시스템의 근간이기도 하다. 연공서열, 종신고용제도 등 일본적 고용 시스템은 신졸일괄채용과 맞물려 돌아간다. 신졸일괄채용은 동기생 의식을 만들고, 사원들 간의 연대감을 강화하며, 처음 입사한 회사에 장기간 근무하도록 만든다. 이는 곧 사원들의 높은 충성심으로 이어지고, 기업-노동자 쌍방이 회사의 장기적인 전망을 그리기 쉽게 만든다(세키구치 이사오関口功,《종신고용제 - 궤적과 전망終身雇用制-軌跡と展望》, 1996). 이 일본적 고용 관행은 1960년대의 고도경제성장기에 신규 대졸자들에 대한 채용 수요가 폭발적이었던 것을 시작으로 본격적으로 정착되어 갔다. 하지만 조기 취업 활동은 항상 문제가 되었다. 그래서 취업 활동으로 인해 학업이 방해받는 일이 없도록 하기 위해 교육계와 재계가 채용 기간을 특정 시기로 못 박는 등 '취업 협정'을 체결한 적도 있지만 거의 지켜지지 않고 있다.

대학 3학년 때부터 시작되는 조기 취업 활동은, 미국이나 유럽 등 다른 나라들과 비교해 보더라도 일본의 특이성이 두드러진다. 취업 활동 시작 시기에 관한 국제비교조사를 보면, 졸업 전부터 취업 활동을 시작하는 비율이 일본은 90%에 달하고 있는 데 비해, 유럽이나 미국의 경우는 평균 50% 정도에 그치고 있다(〈일본과 유럽의 대학과 직업日欧の大学と職業〉, 노동정책연구+연수기구労働政策研究·研修機構, 2001). 일본에서는 대학 3학년이 되면 취업 활동 준비를 시작해 4학년 3월에 있는 기업 설명회를 기점으로 '전면 취업 전쟁'에 돌입한다.[7] 공식적으로 기업의 '내정 통지'는 대학 4학년 10월 이후라고 되어 있지만, 학생에 따라서는 4학년 4월부터 '내정을 내정'받기도 한다. 역으로 내정을 받지 못한 학생의 경우, 4학년 여름, 가을까지 취업 활동을 이어 가게 된다. 당연히 대학생들은 학업에 전념하기 힘들다. 기업 설명회는 대부분 평일 낮에 하기 때문에 대학 3, 4학년생들은 수업을 빼먹을 수밖에 없다. 더욱이 수차례의 면접을 통해 선발하는 기업이 많고, 학생들이 지원하는 기업의 수도 많다 보니 내정받기까지 거

---

7 일본의 공식적인 대졸 취업 활동은 본래 3학년 12월에 시작되던 것이 2015년부터 4학년이 시작되기 직전인 3월 1일 시작되는 것으로 바뀌었다.

의 수업에 나올 수 없는 상황이 이어진다. 내가 담당하는 수업에서도 3~4학년생의 출석 일수는 절반을 밑도는 경우가 많다. 대학 측은 교원들에게 이런 부분을 관대하게 봐줄 것을 공식적으로 통지하고 있다. 한국과 달리 대학 성적이 취업 활동에 그다지 반영되지 않기 때문에 학생들은 더 나은 성적을 얻기 위해서가 아니라 낙제를 면하기 위해 수업에 출석한다.

조기 취업 활동이라는 문제점 외에 신졸일괄채용이 가진 또 하나의 문제점은 졸업할 당시 취직이 안 된 경우 이후 취업 활동이 매우 불리해진다는 점이다. 버블 경제 붕괴 후인 1990년대 후반에 학교를 졸업한 세대, 이른바 '빙하기 세대'라 불리는 이 세대의 경우, 졸업 당시에 취직하지 못해서 프리타나 계약 직원이 된 청년들이 적지 않다. 신졸일괄채용 제도는 신졸과 기졸을 구분하고 신졸만을 우대하기 때문에 일단 졸업해서 소속이 없어지면(프리타는 이 부류에 들어간다) 취직이 대단히 어려워진다. 그렇기 때문에 당시 취직할 수 없었던 '빙하기 세대'는 제 궤도에 올라가지 못한 채 그대로 30대 후반, 40대 초반의 나이에 이르렀고, 현재도 파견 노동자 등의 불안정한 신분을 이어 가고 있다. 로스트 제너레이션(잃어버린 세대)이 바로 그들이다.

이러한 현실을 교훈으로 삼아서 지금의 대학생들은 졸업과 동시에 취업할 수 있도록, 즉 한 번밖에 오지 않는 열차에 올라타려고 고군분투하는 것이다. 내정을 받지 못하는 경우, 학생이라는 신분을 유지하기 위해서 일부러 낙제점을 받는 식으로 '적극적인 유급'을 택하는 경우도 있다. 2010년 취업 활동 데모에 참여한 한 학생은 스무 개 회사에 면접을 보고도 아직 내정을 받지 못한 상태였는데, 다음과 같이 말한 것이 인상 깊었다.

"일단 기졸이 돼 버리면 구직 기회가 급속히 줄어들고 제대로 된 취업이 불가능해져요. 한 번 더 신졸로서 취업 활동을 하려면, (등록금) 약 100만 엔을 들여 유급하지 않으면 안 돼요. 이렇게 해서라도 유급하지 않으면 재도전할 수 없는 게임에 우리를 강제로 참가시키고 있는 거죠. 취업 활동을 하는 시기, 즉 졸업하는 연도를 누구도 선택할 수 없어요."[8]

상황이 이렇다 보니 대학원에 진학하는 경우, 사회 부적응으로 인해 대학원에 진학했다는 의미에서 '입원'[9]했다고 놀리기도 한다. 특히 인문계 대학원생의 경우 기업에 취직하는 게 더욱 힘들다.

---

8 2010년 11월 23일, 신주쿠, '취업 활동 어떻게 좀 해 봐' 시위. www.youtube.com/watch?v=Mrf8ekU1poc

9 일본에서 대학원 입학의 경우 보통 진학이라고 하는데, 대학원 입학(大学院入学)을 병원에 입원한다는 의미로 입원(入院)이라고 표현하는 것에서 최근 일본 청년 세대에 대한 냉소가 읽힌다.

어쨌든, 일본의 대학생들은 22~23세가 되면 졸업해서 사회에 나가야 한다. 그 결과 일본 사회는 대학 입학 동기가 곧 취업 동기가 되는, 대단히 균질적인 연령주의 사회가 되어 버렸다.

취업 활동을 둘러싼 게임들 – 소설 《누구》를 중심으로

일본의 청년들을 힘들게 하는 것에는 신졸일괄채용도 있지만 취업 활동의 내용도 단단히 한몫을 하고 있다. 소설 《누구》는 이 문제를 현실감 있게 드러내고 있다. 이 책을 손에 집어 들었을 때 얼마나 두근두근했는지 모른다. 내가 꾸준히 관심을 가져 온 청년들의 취업 활동에 대한 이야기라서 꽤 많이 기대를 했다. 그런데 열 쪽도 읽지 않아서 더 읽기가 힘들어졌다. 소설은 부모나 선배 등을 비롯한 타자가 부재한 채 등장인물 다섯 명의 대화로 약 300페이지를 채우고 있었다. 이야기의 배경이나 상황을 짐작할 수 있는 척도가 보이지 않고, 사회와의 접점을 꺼내 보여 주지 않아서 마치 미로를 헤매는 느낌이었다. 그런데 신기한 것은 이 책을 대학생인 조카에게 빌려 주었더니 너무 재미있어서 하루 만에 다 읽었다는 것이다. 인터넷에서 책 리뷰를 살펴보았는데 역시 놀라웠다.

"대학 3년생이 된 타이밍에 맞춰 이 책을 읽었다. 솔직한 감상

일본 나오키상을 받은 《누구》는 대학생의 취업
활동을 아주 생생하게 묘사한 소설이다.

은 '어 이거 바로 내 일상이 아닌
가……'. 이 책에 묘사되어 있는 인
물 모두에게 공감해 버리게 된다."

"대학생의 트위터 내용이나 취업
활동에 대한 이야기. 엄청 리얼해
서 공감되는 부분이 많았다. 내 자
신이 딱 취업 활동을 하고 있어서
그런지 저자가 어떻게 해서 이렇게
속속들이 잘 알고 있는 것일까, 이
상한 느낌마저 들었다."

지금 딱 취업 활동을 하고 있는 청년들이 읽고 공감했다는 의
견이 많았다. 저자인 아사이 료는 학생 시절에 작가로 데뷔했는
데,《누구》는 그의 여섯 번째 소설이다. 대학 졸업 후 영업 사원
으로 일하면서 짬짬이 집필했다고 한다. 이 책을 집필한 동기에
관해서 아사이 료는 "취업 활동을 하고 있는 사람들에 대해서 써
보고 싶었다. 나도 경험해 본 그 기간은 자신을 포함해 주위의
사람들이 약간 일그러진 것처럼 보였다. (……) 그래서 취업 활
동에 의해 쏟아져 나오는 독毒과 같은 것을 철저하게 묘사함으로
써 사람이 살아가기 위해서 필요한 것, 그 근저에 있는 것을 뽑

아닐 수 있으면 좋겠다고 생각했다"고 말한다.

이 책은 취업 활동을 위한 정보 교환을 계기로 모인 다섯 사람의 또래 친구(다쿠토, 고타로, 미즈키, 리카, 다카요시)를 중심으로, 주인공 다쿠토의 1인칭 시점에서 이야기가 전개된다. 다섯 사람은 같은 대학의 학생이다. 다쿠토는 고타로와 셰어룸을 하고 있는 사이고, 리카와 다카요시는 동거하고 있는 관계이다. 네 사람은 같은 아파트 3, 4층에 각각 살고 있다. 이 네 사람과 미즈키는 서로 오가면서 취업 정보를 공유하고, 면접 방법에 관해 서로 조언을 주고받는다.

신졸일괄채용만큼이나 일본 청년들을 힘들게 하는 취업 활동의 내용은 무엇일까. 지금 대학생의 취업 활동을 둘러싼 상황을 《누구》를 중심으로 정리해 보려고 한다. 우선 '자기 분석', '인격'이라는 이름하에 행해지고 있는 불명료한 채용 프로세스에 관해 살펴보자.

자기다움이라는 퍼포먼스 속에 놓인 채용 프로세스

엔트리시트나 필기시험에서 떨어지는 것과 면접에서 떨어지는 것은 데미지 종류가 다르다. 결정적인 이유가 있을 텐데, 그것이 무엇인지 모른다. 지금까지의 인생에서 몇 번이나 경험해 온 시험처럼 수학을 못했다거나 작문할 때 시간이 부족했다던가, 그런 분석조차 할 수 없다.

취업 활동에서 무서운 것은 그 점이라고 생각한다. 확고한 잣대가 없다. 실수가 보이지 않으니까 그 이유를 모른다. 자신이 지금 집단 속에서 어느 정도 위치에 있는지 모른다. 면접이 진행되는 중에 인원수가 줄어들어, 내 순위가 어디쯤인지 어렴풋이 짐작하다가도 다시 처음으로 되돌아가고 만다. 마라톤과 달리 처음부터 골이 정해져 있는 게 아니어서, 속도 조절을 한다든가 하는 두뇌전으로 갈 수도 없다. 쿨함을 가장하기에는 안심 재료가 너무 없다.

- 아사이 료, 《누구》

저자는 여기서 일본의 청년들을 괴롭히는 게 무엇인지 묘사하고 있다. 반드시 취업 활동에 한정된 건 아니지만, 사람은 뭔가에 실패했을 때 그 이유를 납득하고 다음 기회를 노린다. 그런데 왜 실패했는지를 알지 못하면 무엇을 개선해야 좋을지 모르는 상태가 되어 버린다. 이러한 상황에서 수십 개의 회사에 지원했지만 면접을 통과하지 못한 청년은 마치 자기 자신의 존재가 부정되고 있는 듯한 심정에 빠지게 되고, 우울증에 걸리거나 심각한 경우 자살에까지 이르게 된다.

예전에 수업에서 한국의 취업 활동에 관해서 이야기했을 때 대다수 학생들은 "지나치게 가혹하다", "일본 쪽이 더 낫다"라는 반응을 보였는데, 한 학생은 "한국의 경우 객관적인 지표가 있으니 심플해서 일본보다 더 나은 것 같다"고 대답했다. 그 학생은 당시 취업 활동을 하고 있던 4학년생이었는데, 면접에서 몇 차례 떨어져 풀이 죽은 모습을 하고 있었다. 그는 자신은 말을 잘하는 편이 아닌 데다 외모도 그저 그렇고 해서 면접을 보는 게 지긋지긋하다고 했다.

교육학자 혼다 유키는 일본의 대졸 취업의 특수성에 관해서 다음과 같이 다섯 가지로 정리한 바 있다.

① 대학 재학 중 조기 개시된다.

② 대학에서의 교육 성과를 존중하지 않고, 불명료한 평가 기준에 의해 다단계의 선발을 행한다.

③ 취직 후의 직무 내용이나 노동 조건에 관한 정보가 적다.

④ 그렇기 때문에 취직 후 자신이 해야 할 직무와 맞지 않을 위험성이 크다.

⑤ 내정을 받지 못한 채 대학을 졸업한 경우 그 후의 취업 기회가 현저히 불리해진다.[10]

---

10 혼다 유키, 〈일본 대졸 취직의 특수성을 다시 묻는다(日本の大卒就職の特殊性を問い直す)〉, 《대졸 취직의 사회학 – 데이터로 보는 변화(大卒就職の社会学-データーから見る変化)》, 2010.

①과 ⑤에 관해서는 앞 장에서 언급했으니 여기서는 '자기 분석', '자기다움'이라고 일컬어지고 있는 취업 활동의 모습에 초점을 두고 이야기해 보려고 한다. 앞의 《누구》의 인용에서도 볼 수 있듯 취업 면접은 채용되기까지 몇 번에 걸쳐 행해지고 합격/불합격의 기준도 명확하지 않다. 그래서 취업 준비생들에게 큰 혼란을 가져다주고 있다. 《누구》를 읽고 나서 알아차린 것 중 하나는 토익이나 학점과 같은 수치가 이 소설엔 나오지 않는다는 것이었다. 취업에서 객관적인 스펙을 중요시하는 것이 가진 문제점도 분명 있지만, 일본처럼 기준이 너무 애매하고 추상적인 경우도 문제가 많다. 무엇보다도 '인격'을 심문받는다는 데 문제의 심각성이 있다.

일본의 대졸 취업 활동은 공식적으로는 4학년이 시작되기 직전인 3월 1일부터 시작된다. 이른바 기업 설명회가 바로 이날부터 시작되고 학생은 우선 희망하는 회사에 엔트리시트Entry Sheet를 제출한다. 엔트리시트란, 회사가 주최하는 이벤트 등에 학생이 참가 희망 의사와 필요 사항 등을 기재해 제출하는 응모 서류를 말하며 흔히 'ES'라고 약칭한다. 엔트리시트는 통상 이벤트 주최자인 회사가 독자적으로 만든 양식을 사용한다. 이벤트 주최자가 참가를 허락하면 이벤트에 참가할 수 있다.

엔트리시트에는 이름, 연락처, 출신 고등학교, 대학(중도 채용의 경우는 여기에 경력도 덧붙인다)을 기재하는 란이 기본적으로 있고, 여기에 덧붙여 각 기업이 독자적으로 작성한 몇 가지 설문이 있다. 대개 지원 동기, 자기소개 등을 요구하며 기재란이 꽤 넓어 논작문 시험과 같은 형식으로 작성하도록 되어 있다. 영어 능력(토익 같은 영어검증시험)이나 자격증, 특기 사항도 적어 넣도록 되어 있다.

엔트리시트 심사를 무사히 통과하면 희망하는 회사가 주최하는 이벤트(설명회)에 참가할 수 있고, 그 후 필기시험이나 면접이 잡히게 된다. 설명회 당일에 갑자기 면접을 행하는 회사도 있고, 기업에 따라서는 지적 능력이나 학력 등을 체크하기 위해 웹테스트[11]를 부과하는 곳도 있다. 엔트리시트나 웹테스트로 기업 측은 응모자의 1/10에서 1/30 정도를 선발한다고 한다. 그 후 집단 토론, 집단 면접, 개인 면접 등 수차례에 걸쳐서 면접이 이루어지게 된다.

일본의 취업 활동은 무엇보다도 면접이 너무 많다는 게 청년들에게 큰 부담이 되고 있다. 집단 토론에서는 필요한 업무 능력에 대한 대응 방식을 묻기도 하는데, 가령 영업직이라면 기획 능력을 알아보기 위해 '이탈리아 요리 체인점이라면 어떤 입지에 출점하는 게 좋은가' 하는 식으로 시뮬레이션형의 토론을 부과하기도 한다. 또 기업에 따라서는 사원 친목회를 열어서 지원자

---

11 취업 활동과 관련된 시험 중 하나로, 집이나 학교 혹은 웹테스트 전용회장인 테스트 센터 등의 컴퓨터를 이용해서 시험을 보는 것을 말한다. 몇몇 회사들이 만든 몇 가지 종류의 시험이 있다. 주로 언어, 계산, 영어, 성격 등의 과목이 있는데 기업에 따라 요구하는 과목이 다르다.

의 인물 평가를 행하기도 한다.

ES, 필기시험, 면접시험이라는 프로세스에 항상 붙어 다니는 게 바로 '자기를 어떻게 표현할 것인가'이다. 이것을 취업 용어로 '자기 분석'이라고 한다. 가뿐히 내정을 받고 취업 활동을 끝내기 위해서는 자기 분석을 철저히 행해야 한다.

학창 시절에 가장 열심히 한 것(구체적으로 세 가지). 이 회사에 지원하는 동기. 자신이 좋아하는 것, 싫어하는 것 세 가지씩. 자신의 캐치 카피와 그 이유. 그대로 다시 테이블에 엎드리자, 모의 엔트리시트가 너무 눈 가까이에 있어 오히려 잘 보이지 않았다. '엔트리시트나 면접에 임하기 전 일단 자신의 키워드를 써 보자!' 그런 글씨가 눈동자 속에 녹아들었다.

언젠가부터 우리는 짧은 말로 자신을 표현해야 했다. 페이스북이나 블로그 톱 페이지에서는 알게 쉽게, 또한 간결하게. 트위터에서는 140자 이내로. 면접에서는 일단 키워드부터. 아주 약간의 말과 작은 사진만으로 자신이 누구인지 이야기할 때, 어떤 말을 취사선택해야 할 것인가.

— 아사이 료,《누구》

취업 활동에서 보다 짧은 말로 자기를 알리지 않으면 안 되는 상황은 페이스북, 트위터의 등장으로 더욱 가속화되고 있는 것 같다. 자신의 이야기를 140자로 압축시키기 위해서 고군분투하는 청년들의 모습이 《누구》에는 잘 묘사되어 있다. 그런데 객관성을 가지고 있지 않은 이 자기 분석은 때에 따라서는 과장된 자기 평가를 동반하는 퍼포먼스를 낳기도 한다.

> "면접이란 게 자신이 가진 카드를 하나하나 꺼내는 작업 같은 거지만, 어차피 어떤 카드든 뒤집어서 내는 거야. 얼마든지 거짓말을 할 수 있지. 물론 거짓말이란 걸 들키면 끝이지만."
>
> – 아사이 료, 앞의 책

취업 정보지에 드러난 자기 분석 담론의 변용 과정을 분석한 가가와 메이香川めい는 이러한 자기 분석 언설이 등장한 것을 버블 경제 붕괴 후인 1990년대 이후로 본다(〈'자기 분석'을 분석한다 – 취직 정보지로 보는 그 변용 과정「自己分析」を分析する－就職情報誌に見るその変容過程〉, 《대졸 취직의 사회학 – 데이터로 보는 변화》, 2010). 1990년대까지는 공급자에게 유리한 노동 시장이었는데 버블 경제 붕괴 후 수요자에게 유리한 노동 시장 구조가 되었고 바로 써먹을 수 있는 인재를 찾는 기업 측의 요구 속에서 자기 분석이 등장했다고 한다. 자기 분석만이 아니라 필기시험이나 면접시험에서도 '창의적인 시험'이라는 이름하에 상상을 넘어서는 질문이 주어지기도 한다.

크리에이티브 시험에는 크게 두 가지 문제가 있었다. 한 가지는 1절 가사만 주고, '2절 가사를 생각하라'는 것. 그리고 또 한 가지는 이야기의 첫 부분만 주고, '이것은 기승전결에서 '기'입니다. 승, 전, 결을 각각 써 주세요' 하는 것이었다.

최종 면접에서 "이 회사에 대한 생각을 말이 아닌 형태로 표현해 주세요"라고 하는데 나도 놀랄 정도로 아무 생각도 나지 않는 거야, 하고 고타로는 웃었다.

- 아사이 료, 앞의 책

솔직히 이러한 문제가 나오면 누가 이 시험을 통과할 수 있을까 하는 의문이 든다. 정답 또한 존재하지 않기 때문에 결국 회사와의 궁합만이 결정구가 된다. 1990년대 후반에 나온 《취직저널就職ジャーナル》에서도 다음과 같은 기술이 눈에 띈다.

만약 정말로 자신의 전부를 다 쏟아 냈는데도 회사로부터 연락이 오지 않는다면 그것은 떨어진 게 아니라 궁합이 맞지 않았던 것이다. 처음부터 잘나가는 사람은 적다. 냉정하게 반성하고 끙끙 앓지 않는 것……. 면접에서 자신을 다 쏟아 낸다면 자연히 내정에 가까이 간 것이다.

- 《취직저널》, 1997년 5월호

이것을 가가와는 '궁합이라는 논리'라고 불렀는데, 이 경향은 2000년 이후부터 심화돼 갔다. 채용 과정의 중심을 자기 분석이 차지하면서 7~8개의 회사로부터 내정을 받아 낸 취업 준비생이 있는 반면 50개 가까운 회사에 지원했지만 단 한 군데에서도 내정을 받지 못한 취업 준비생도 나오고 있다. 이것을 단지 두 사람의 능력 차이라고 할 수 있을까.

SNS가 가져온 다중적 관계성과 보이지 않는 목소리

《누구》에는 기업의 불명료한 채용 프로세스로 고군분투하는 청년들의 모습과 함께 취업 활동을 둘러싸고 벌어지는 친구 관계, 일본 사회의 독특한 인간관계, 그리고 SNS에 의한 다중적 관계성의 모습이 그려져 있다. 특히 이 소설은 등장인물들이 트위터를 통해 재잘거린 말들을 중심으로 스토리가 전개되는데, 이런 표현 방식은 최근 일본 청년들의 관계성을 잘 보여 준다. 이러한 시도는 실제 관계 속에서의 모습과 트위터상에서 보여 주는 모습이 중첩되면서도 미묘하게 미끄러지는 느낌을 표현한 것이라고 할 수 있다. 트위터상의 재잘거림이 누군가의 시선을 의식해서 쓰인 것이기 때문이다.

SNS 시대는 취업 활동의 풍속도도 많이 바꾸어 놓았다. 일본에서는 OB^Old Boy, OG^Old Girl 방문이라는 것이 있다. 희망하는 기업에 자신의 대학 출신 선배가 있는 경우, 그 선배에게 직접 연락해서 그 회사에 방문하는 걸 말한다. OB 방문은 취업 준비생에게는 여러 가지 면에서 중요하다. 실제로 회사를 방문해서 정말로 자신이 일하고 싶은 곳인가를 감지할 수 있을 뿐만 아니라 선발에 대한 정보나 선발 과정을 돌파하는 비결을 들을 수 있고 인맥을 형성할 기회도 가지게 됨으로써 내정을 받기가 더욱 쉬워진다. SNS 시대의 취업 준비생들은 이러한 OB 방문을 위해 이벤트 등에서 만난 선배의 트위터 주소를 이용하기도 한다. 이벤트 같은 기회를 통해 명함을 교환하고 선배의 메일 주소나 트위터 주소를 알아낸다. 그리고 의식적으로 트위터에서 재잘거린다.

리카의 이전 트윗을 찾아보니 말이야, '오늘은 귀사의 면접에 간답니다. 어떤 이야기를 해 주실지 굉장히 기대됩니다' 하고 그 사람에게 말을 걸더라고? 너무하지 않냐? 진짜 깜짝 놀랐어. 뭐야, 그어필 방법.

– 아사이 료,《누구》

'보여지는' 것을 의식해서 쓰는 트위터는 관계에서 '표면'밖에 표현할 수 없는 상황을 초래한다. 그런데 SNS 등의 정보기기에 의해 '표면'만으로 이어져 있는 인간관계는 역으로 SNS에 의해 본심과 표면의 균열을 드러내기도 한다.

《누구》에 등장하는 다섯 사람은 서로 격려해 가면서 취업 활동에 관해 조언도 주고받지만, 질투와 질시로부터 자유롭지 않다. 다쿠토가 고타로에게 프린트를 빌릴 때, 취업 활동에 관심 없는 척했던 고타로의 노트북 화면에서 성적증명서를 발견하고 당황하는 순간이라든가(성적증명서는 최종 면접에서 필요한 것이기 때문에), 내정을 받은 미즈키의 직위가 종합직이 아니라 에리어area직이라는 것을 알게 된 리카가 에리어직이라는 말을 마구 강조하는 장면이라든가[12], 친구의 노트북을 빌려 '대大'라고 치는 순간 최근 검색어에 '대일통신 에리어직 블랙', '종문서원, 2채널[13], 평판' 등이 나오는 장면[14] 등은 그 전형이라고 말할 수 있다.

인간이라면 누구나 자신을 타인과 비교하고 질투한다. 그런데 '늘 누군가에게 보일 수 있는 것'을 상정한 트위터의 존재는, 더욱이 두 개 이상의 트위터 계정을 가지고 겉(표면)과 속(본심)을 각각 나눠 자기를 표현하고 있는 경우에는 인간관계를 보다 복잡하게 만들 위험성을 동반하고 있다. 화자인 다쿠토는 자신의

---

12 일본 회사들의 고용 시스템 중 하나로 종합직과 에리어직이라는 게 있다. 종합직은 전근도 있고 해서 승진의 기회가 많은 반면, 에리어직은 전근이 없고 한 지역에서만 일할 수 있기 때문에 급여가 종합직보다 낮고 승진 기회도 적다.

13 '2채널'은 한국의 '디시인사이드'처럼 다양한 하부 게시판을 가지고 있는 일본의 최대 익명 게시판이다. 기업이나 단체의 사이트, 영화나 음반, 소설 등을 소개하는 사이트나 트위터 등이 2채널의 유저들에 의해 폭격당해 피해를 입은 경우가 많다.

14 친구들이 내정받은 기업의 이름을 '블랙(블랙 기업)'이나 '2채널'이라는 좋지 않은 단어로 검색한 사실을 들키는 장면이다.

또 다른 트위터 계정을 통해 본심을 이야기하다가 리카에게 발각되기도 한다.

@NANIMONO 152일 전

그렇지만 설명회네 1차 면접이네 하는 화제로 분위기가 고조되니 작년 생각이 많이 난다. 설명회에서 잤다느니 자기만 평상복이었다느니. 그런 너의 개성 따위 누구 눈에도 띄지 않는다고 가르쳐 주고 싶다. 그것을 깨닫기 전이다, 모두.

@NANIMONO 55일 전

명함을 받았다. 위층의 그 아이는 드디어 자신의 명함을 만든 것 같다. 학생 특유의 직책으로 가득한 명함. 정작 중요한 이름 부분에 눈이 가지 않는다. 잘도 이런 걸 나눠 주며 다니네 싶더군. 이름이나 직책이 아닌 무언가를 뿌리고 다니는 것으로밖에 보이지 않는다.

- 아사이 료, 앞의 책

자기 분석 속에서 자기다움을 찾아가면서 미로에 빠져 버리는 청년들. 그리고 친구 관계에서 표면상으로는 어떤 문제도 없는 것처럼 보이지만 본심은 보이지 않는 거리가 있는 청년들의 모습. 청년들을 둘러싼 환경에 좁은 관계성이라고 하는 내부만 존재하고 다양한 인간관계와 경험이라고 하는 외부는 부재하는 것처럼 보인다.

생각해 보면, 4년 만에 대학을 졸업하는 일본 청년들에게 사회적 관계라는 것은 대학 시절의 친구나 아르바이트하면서 만난 친구가 거의 전부이다. 그런데 '하고 싶은 것', '자기다움'이라는 것은 보다 많은 사람들, 그것도 다양한 세대, 다른 문화적 공간 속에 몸을 두는 데서 찾아진다. 자기다움은 사회 속에서 자신의 위치, 자신의 역할을 인식하는 것이기 때문이다. 그런데 지금의 대학생들은 삶의 경험이 부족한 채로 자기다움이란 무엇인가를 계속해서 물어야 하는 상황에 놓여 있다. 그래서 가까운 인간관계에서부터 취업 활동에 이르기까지 퍼포먼스적인 관계성을 구축하지 않을 수 없다. 이런 퍼포먼스적인 태도에 대해《누구》에서는 다음과 같은 진심 어린 충고를 한다.

줄곧 생각했던 거지만, 긴지, 아직 다 해내지 못한 단계에서 '이거 열심히 하고 있습니다' 하고 어필하는 건 관둬. 각본을 다 쓰고 나니 아침이 됐더라, 어쩌고 하는. 그런 건, 공연이 전부 끝난 뒤에 할 말이지 않아? 누구누구하고 미팅 어쩌고 하는 건 공연 끝난 뒤에 '누구누구 님에게 조언을 받아서 만든 공연입니다'로 충분하잖아. 자신을 위해 누군가를 이용하지 마. 그리고 요 며칠 사이 책을 몇 권 읽었느니, 연극을 몇 편 봤느니 그런 것도 아무 상관 없잖아.

중요한 것은 수가 아니라고. 그리고 연극계 인맥을 넓히겠다고 늘 말하지만, 알아? 제대로 살아 있는 것에 뛰고 있는 걸 '맥'이라고 하는 거야. 너, 여러 극단의 뒤풀이 같은 데 가는 모양인데, 거기서 알게 된 사람들과 지금도 연락하고 있냐? 갑자기 전화해서 만나러 갈 수 있어? 그거, 정말로 인'맥'이라고 할 수 있는 거야?

보고 있으면 딱하더라, 너.

- 아사이 료, 앞의 책

자기다움의 발견이라는 취업 활동의 디스토피아

스스로를 기분 좋게 하고 격려하는 재잘거림은 본심을 꿰뚫어 본 타자로부터 '딱하다'라는 말을 듣는다. 맥脈이 없는 인생, 퍼포 먼스적인 관계성은 커뮤니케이션 능력이 중요시되지만 막상 그 능력을 증대시킬 장소를 찾지 못한 채 살아가는 청년들의 딱한 현실을 보여 준다. 그런데 이러한 커뮤니케이션 능력의 상실은 이미 초·중·고에서 시작된 것이라는 진단도 있다. 초·중·고등 학교에서의 인간관계와 집단 따돌림을 다룬 저서의 타이틀이기 도 한 '친구지옥'이라는 말에서 알 수 있듯, 언제부턴가 일본 청 소년들은 '과도한 인정, 승인에 관한 욕구'나 '부정, 무시당하는 것이 주는 절망감'의 양극단 속에 놓여 있다. 일상적인 커뮤니케 이션, 즉 자연스러운 수다 대상인 친구들이 '지옥' 같은 현실이 되어 있는 것이다.

　지금의 취업 활동 시스템 때문에 청년들이 힘들어하는 것일까? 아니면 지금을 살아가는 청년들의 힘겨움이 취업 활동을 통해서 드러난 것일까? 아마도 둘 다일 것이다. 그렇다면 어디서부터 문제를 풀어 가야 할까. 쉽지 않아 보인다. 한 가지 긍정적인 점이 있다면 소설 《누구》가 일반적인 청년 독자들을 사로잡았다는 것이다. 니트도 프리타도 아닌, 지금까지 언설화되지 않은 평범한 대학생들이 이 책에서 '자기 이야기'를 발견했다는 것이다. 개개인의 관계 속에서 '본심'을 이야기하고, 사회와의 관계 속에서 지금까지 아무도 말하지 않았던 것을 입 밖으로 내는 것, '자기 책임론'이 강한 일본 사회에서는 그다지 쉽지 않겠지만, 지금 청년들에게 가장 요구되고 있는 것인지도 모른다.

　신졸일괄채용, 그리고 자기다움을 찾고 있는 일본 청년들의 취업 활동. 잘 생각해 보면 신졸일괄채용이 획일성을, 자기다움의 발견이 개성을 추구한다는 점에서 이 둘은 모순된다. 그러나 맥이 없는 인생, 퍼포먼스적인 관계성 속에 놓인 자기다움의 발견은 곧 획일성의 또 다른 이름일 수 있다. 신주쿠에 모여 데모하는 취업 준비생과 소설 《누구》 속의 주인공들은 자기다움의 발견이라는 취업 활동의 디스토피아를 간파한 것이다. 이것을 작은 희망의 불씨로 볼 수 있지 않을까. 취업 활동 데모를 주도한 '취업 활동 문제를 호소하는 원내집회 실행위원회就活の問題

を訴える院内集会'에 교육학자 혼다 유키는 다음과 같은 메시지를 보냈다.

　현대 사회에서 모든 사람들은 자신의 생각이나 의사를 표명할 자유가 있습니다. 데모는 그런 수단 중의 하나입니다. 그래서 자기가 문제 있다고 생각하는 것에 대해서 같은 생각을 하는 사람들과 함께 목소리를 내는 것은 말할 필요도 없이 정당한 행동이기에 앞으로도 자신 있게 실행해 줬으면 좋겠습니다. (……)

　일본 사람들은 지금까지 데모 등의 표현 수단을 통해서 자기 의견을 주장하는 경험을 거의 해 오지 않았습니다. 지금 조금씩 변해 가고 있지만, 저는 아직 이 사회 구성원들이 자유롭게 그리고 명확하게 자기 의견을 말하는 연습을 하고 있는 중이라고 생각합니다. 그래서 주저하지 말고 적극적으로 해야 한다고 봅니다. 사람들이 행동해서 경험을 축적하지 않으면 그 어떤 진전도 없기 때문입니다.

　다만 당연한 말이지만, 꽤 노력을 했다 하더라도 데모로 목소리를 냈다 하더라도 사회가 바로 바뀌는 건 아닙니다. 사회는 크고, 둔감하기 때문입니다. 그러므로 이 데모가 어떤 형태로 끝나든 간에 그 '미래'를 생각해야만 합니다. 다시 말하면 만약에 데모가 '실패'한다고 하더라도 실망할 필요가 없습니다. 문제와 씨름했다는 것 자체가 대단한 것이고, 그게 시작이기 때문입니다.

　저는 취업 활동 데모를 실현하고자 하는 여러분들에게 마음속으

로부터 경의를 표하고, 응원합니다.[15]

목소리를 내는 것에 익숙하지 않은 일본의 청년 세대가 탈원전 데모 이후, 사회적인 이슈뿐만 아니라 어떤 의미에서 '자기책임'이라고 생각해 온 취업 문제를 사회적 문제로 인식하려는 자세를 조금씩 보이고 있다. 이 같은 청년들의 행동에 대해서 여전히 많은 사람들은 '취업 준비생의 미숙함을 사회의 책임으로 전가시키려는 행동'으로 파악하기도 한다. 취업 활동에 이의를 제기하는 청년들의 목소리가 현실 사회에 반영되기 위해서는 함께 응원해 주는 기성세대, 지식인의 존재가 중요한지도 모른다.

15 http://hosyukakumei.blog.fc2.com/blog-entry-44.html

7장

곤카츠,
불가능의 언설

이야기되지 않은 와카모노, 여성

이제까지의 글이 프리타, 니트, 오타쿠 문화 등 대부분이 남성 청년들의 삶을 중심으로 논의되었다는 아쉬움이 있다. 그러나 이것은 역으로 최근 일본의 와카모노론이 많은 부분 일본 남성들의 존재 양식의 붕괴, 위기의식으로부터 나온 것임을 이야기해 주는 것이기도 하다. 프리타, 비정규직이 문제가 된 것은 청년 남성들이 일상적으로 프리타, 비정규직이 되었기 때문이기도 한데, 여성들은 이전부터 프리타와 비정규직 노동자였다는 우에노 치즈코의 말은 이 부분을 잘 짚어 준다. 그런데 지진 재해 이후, 볼런티어나 탈원전 시위에 많은 여성들이 참가했다. 그리고 크게 부각되진 않았지만 여성들은 여성들 나름으로 일본 사회에 메시지를 던졌다. 3.11 이후 일본의 20~30대 여성들은 일본 사회에 대해 무슨 생각을 하고 무엇을 발견한 것일까? 이들은 청년 남성들보다 더 주변화되어 있지만, 또 함께 새로운 것을 만들어 갈 수 있는 연대의 파트너가 될 수도 있지 않을까?

전후에 형성된 성장에 기반한 일본 사회의 존재 방식을 더 이상 그대로 두면 안 된다는 것은 무엇보다 여성들과 아이들의 시선으로부터 나온 것이기도 하다. 그리고 앞의 글에서도 잠깐 언급했지만, 반하류사회, 니트, 초식남이 대두한 배경에는 근대적인 삶, 남성적인 삶으로부터의 탈각이라는 측면이 있다. 한편, 불안정한 지금 세상에서 여성들은 여성이기 때문에 보다 많은 불이익에 노출되어 있기도 하다. 그래서 아마미야 가린 같은 활동가는 비정규 노동자 가운데서도 더욱 위기에 노출된 여성의 빈곤에 관해 적극적으로 발언하고 행동하고 있다.

다른 한편 일본에서는 최근 '곤카츠婚活' 드라마가 유행하고 있다. 곤카츠는 '결혼 활동結婚活動'의 줄임말로, 결혼 상대를 찾기 위한 활동을 의미한다.[1] 실제로 여대생들 사이에서는 전업주부를 지향하는 비율이 계속 높아져 가고 있다. 남성이 노동의 중심에 서는 게 당연한 것이고, 남성이 노동을 잘할 수 있도록 지원

---

1 결혼 활동이라고 번역하면 어색해져 본문에서는 '곤카츠'라고 그대로 표기하기로 한다.

하는 게 여성의 삶이라는 전통적인 가치관에 많은 젊은 여성들이 동의한 듯 보인다. 이러한 면면들은 여성이 살아가는 길과 그 선택이 한두 가지 틀로 분석될 수 없음을 보여 준다.

일본 청년들을 생존을 둘러싼 싸움, '슈카츠'와 '곤카츠'

한국에도 잘 알려져 있다시피, 일본의 20~30대 미혼율은 꽤 높은 편이다.[2] 그런데 근래 일본 사회에서 보이는 미혼화, 만혼화 현상은 단순히 '결혼하지 않는다/결혼하지 않았다'는 수준을 넘어섰다. 청년 세대를 대상으로 한 조사 결과를 보면, 남녀 모두 교제 상대가 없는 비율이 높은데, 미혼자의 약 60%가 사귀는 사람이 없다고 답했다.[3]

이런 상황에서 2008년《'곤카츠'의 시대「婚活」時代》라는 책이 출

---

[2] 20대(25~29)의 미혼율은, 남성 71.8%, 여성 60.3%이다. 30대의 경우는 30대 전반(30~34세)의 남성이 47.3%, 30대 후반(35~39세)의 남성이 35.5%, 30대 초반(30~34세)의 여성이 34.5%, 30대 후반(35~39세)의 여성이 23.1%이다. 한편, 미혼자(18~34세)의 결혼 희망을 보면, 남성의 86.3%, 여성의 89.4%가 '어쨌든 결혼할 생각'이라고 응답해 90% 가깝게 결혼을 원하고 있는 것으로 나타났다(《제14회 출생 동향 기본 조사(第14回出生動向基本調査)》, 국립사회보장·인구문제연구소(国立社会保障·人口問題研究所), 2010).

[3] 2010년 전기통신종합연구소(電通総研)와 협력한 독신 조사에서는 사귀는 사람이 있는 비율이 여성 31%, 남성 24%이었다(《덴츠 싱글 의식조사 2010(電通『独身』意識調査2010)》, 20~40대 독신남녀 1996명 대상). 내각부의 조사에서도 사귀는 사람이 있는 경우가 36.2%이고, 사귀는 사람이 없는 경우가 37.9%, 교제 경험이 없는 경우도 25.8%로, 합하면 63.7%가 된다(《결혼 및 가족 형성에 관한 조사 보고서(結婚·家族形成に関する調査報告書)》, 2011년 3월 인터넷 조사, 20~30대 남녀 총 1만 명 대상).

판되었다. 이 책은 주로 혼기를 넘긴 30대의 여성에게 결혼에 대한 위기감을 심어 주었는데, 책이 발매된 후 이러저러한 방식으로 '곤카츠'의 세계에 뛰어든 여성들도 많았다고 한다. 이제 '곤카츠'라는 말은 '슈카츠'와 함께 일본 청년들의 현실을 잘 보여 주는 말로 자리 잡았다.

그런데, 가만히 생각해 보면, '곤카츠'와 '슈카츠'라는 말이 뜻하는 것은 그다지 새로운 건 아니다. 일본의 대표적인 페미니스트 지식인인 우에노 치즈코는 말한다. "슈카츠와 곤카츠는 세트다. 말하자면 지금 청년 세대의 부모 세대들을 일컫는 '일벌레 남편社畜'과 '가정주부 아내昭和妻'라는 세트처럼. 다만 부모 세대와 달라진 점은 '지정석'이라고 할 수 있는 '전업주부'의 자리가 줄어들었다는 것이다(우에노 치즈코, 《여자들의 생존 전략女たちのサバイバル作戦》, 2013)." 지정석이 줄어들었음에도 불구하고 오늘날 '곤카츠'가 새삼스럽게 이야기되는 이유는, 그 지정석을 얻는 것이야말로 여성으로서의 행복한 삶이라는 인식을 기성세대들이 20~30대의 여성에게 심어 주려고 하기 때문이다.

강의 시간에 만나는 평범한 대학생들로부터 깜짝 놀라게 되는 것 중 하나는 전업주부 지향적 태도이다. '엄마처럼 살고 싶다', '일도 하고 싶지만, 역시 결혼해서 아이를 키우는 게 꿈'이라는 의견을 주저 없이 이야기하는 여학생들이 증가하고 있는 것은 분명하다. 이러한 현상은 내가 만나고 있는 학생들에게서만 나

타나는 것이 아니다. 내각부가 2012년에 실시한 〈남녀공동참가 사회에 관한 여론조사男女共同参画社会に関する世論調査〉에서도 '아내가 가정을 지켜야 한다'라고 답한 20대 여성이 44%에 달했고, 3년 전보다도 16% 증가했다고 한다.

일본의 인문계 지식인들이 기고하는 잡지《현대사상現代思想》은 2013년 4월에는 '슈카츠의 리얼就活のリアル'을, 9월에는 '곤카츠의 리얼婚活のリアル'을 특집으로 내보냈다. 둘 다 최근 청년 세대의 생존 전략의 현실(리얼)을 묘사한 것이다. 두 특집의 부제는 '전신全身 슈카츠로도 이겨 낼 수 없다', '전신全身 곤카츠로도 이겨 낼 수 없다'였는데, '전신으로' 즉 온몸으로 사력을 다해 '슈카츠', '곤카츠'에 힘쓰는 청년 세대의 풍조를 냉담하게 보는 동시에, 그렇게밖에 할 수 없도록 만든 사회 구조적인 문제를 예리하게 지적하고 있다. 2008년에 '곤카츠'라는 말이 붐을 일으키고, 그로부터 5년이 지난 2013년,《현대사상》에서 특집으로 다룰 정도로 '슈카츠', '곤카츠'라는 말을 동시에 언설의 장에 가져온 요인은 무엇인가. 지금 곤카츠는 여대생을 포함해 20~30대의 여성에게까지 범위가 넓어졌는데, 그것은 부모 세대들의 삶인 '일벌레 남편'과 '가정주부 아내'라는 젠더화된 생존 전략이 또다시 부상하고 있기 때문이다.

지금까지 주로 남성의 시점에서 묘사해 온 와카모노론을, 이 장에서는 여성이 주류가 되어 있는 곤카츠라는 언설을 중심으로 해서 분석하려고 한다. 곤카츠는 어떻게 이야기되고, 어디로 향하고 있는가? 곤카츠의 탄생과 그것이 이야기되는 방식을 주의 깊게 살펴보자.

곤카츠 언설의 대상은 누구인가?

'곤카츠'라는 말을 듣고 많은 이들이 한국에서도 유행하는 '취집'이라는 말을 떠올릴 것이다. 둘 다 여성의 곤카츠를 의미하는 것이지만 약간 다른 점이 있다. 한국의 취집이 구직난에 직면한 여대생이 대체책으로서 생각하고 있는 것이라면, 일본의 곤카츠는 30대 이후의 여성이 그 언설의 중심에 놓여 있다는 점이다. 그 배경에는 남녀 미혼율 상승이 있지만, 결정적인 요인은 다른 곳에서 찾을 수 있다. 곤카츠 언설의 중심에는 로스트 제너레이션 세대의 여성들이 있는데, 이들은 서른이 넘어도 독립하지 않은 채 부모와 함께 사는 여성들이다.

지금까지 로스트 제너레이션을 둘러싼 언설, 즉 프리타/니트론의 대상은 거의 남성이었다. 왜 여성 프리타, 니트는 문제가 되지 않았던 것인가. 그 단적인 이유는 비정규직 노동에 종사하는 많은 여성들이 독립하지 않은 채 부모와 함께 살고 있으며, 또 '혼자 사는 무직' 여성의 경우 가사 노동으로 환산되어 실업률 통계에서 빠져 버리기 때문이다. 여성 프리타, 니트가 언설화되기 힘든 이유는 여기에 있다.

그러면, 여성을 대상으로 한 '와카모노론'은 존재하지 않았던 가? 그렇지는 않다. '일을 하고 있는가/하고 있지 않은가'라는 노동의 유무를 기준으로 언설화된 남성 와카모노론과는 대조적으로, 여성을 대상으로 한 와카모노론은, 젊은 여성들이 부모의 경제력에 기대 결혼도 하지 않고 우아한 생활을 보내고 있다는 식의 젊은 여성 때리기로 언설화되었다. 이른바 '파라사이트 싱글'이다. 파라사이트 싱글이라는 말은 한국에도 이미 꽤 알려졌을 텐데, 이 말은 야마다 마사히로山田昌弘라는 일본의 사회학자가 만든 말이다. 그는 《파라사이트 싱글의 시대パラサイトシングルの時代》(1999)에서 파라사이트 싱글을 "대학을 졸업하고도 여전히 부모와 함께 살며, 기초적인 생활 조건을 부모에게 의존하고 있는 미혼자"라고 정의하고 있다. 주로 도심에 거주하는 샐러리맨 세대의 자녀들이 여기에 해당되는데, 이들의 부모 세대는 고도경제성장의 은혜를 입은 세대이고, 자기 집을 소유하고 있는 경우가 많다. 그렇기 때문에, 도심에서 학교를 졸업하고 사회에 나온 자녀 세대는, 혼자 살 필요도 없고, 부모와 계속 함께 살면서 생활비를 거의 지출하지 않은 채 자신이 번 돈은 취미생활에만 투자하고 있다고 세간으로부터 눈초리를 받고 있다. 파라사이트 싱글의 만족도는 남성보다도 여성이 높은 편인데, 남성의 경우보다 여성이 부모에게 의존하는 것에 관용적인 일본 문화가 근저에 있다고도 볼 수 있다.

　파라사이트 싱글론이 생겨나고 공격의 대상이 된 지 약 10년이 지난 지금 파라사이트 싱글들은 어떻게 되었을까? '파라사이트 싱글'이라는 말을 만든 야마다 마사히로는 칼럼니스트 시라카와 모모코白河桃子와 함께 2008년《곤카츠의 시대》라는 책을 내놓는데, 바로 이 '곤카츠'론의 대상으로 파라사이트 싱글은 다시 사회에 등장하게 된다. '곤카츠'라는 말은 2009년 신조어, 유행어 대상에 노미네이트될 정도로 빠르게 보급되었다. 이 책의 메인 카피 문구는 '여성이여, 사냥하러 나서라. 남자들이여, 자신을 연마하라'였지만, 또 다른 카피 문구인 '기다리고 있어도 결혼할 수 없어. 자신이 움직이지 않으면 안 돼'라는 말에 실제로 많은 여성들의 마음이 움직였다. 2008년은 리먼쇼크가 터진 해로, 경제적인 불안으로부터 '안정된 결혼 생활을 하고 싶다'는 의식이 여성들 사이에 퍼졌고, 결혼 붐이 가속화되기도 했다. 곤카츠를 하는 여성들 가운데에는 물론 갓 대학을 졸업한 20대도 있고, 어느 정도 경제력을 가진 30대 커리어우먼도 있을 것이다. 그런데, 실제로 이 언설에 민감하게 반응한 것은 20~30대 여성들 중에서도 이 책이 타깃으로 하고 있는 파라사이트 싱글 여성들이었다. 파라사이트 싱글이라는 말이 나오고 그 사이 변한 게 하나 있는데, 그것은 로스트 제너레이션의 부모 세대가 정년퇴직해 연금 생활에 들어간 것이다. 연금 생활에 들어가면 수입은 격감

하고, 자녀들의 뒷바라지를 다 할 수 없는 상황이 된다. 이런 까닭에 이미 30대 초반을 지나 버린 파라사이트 싱글 세대의 여성들이 곤카츠를 의식하기 시작했다고 할 수 있다. 사실《곤카츠의 시대》에서 시라카와 모모코는 '35세부터의 결혼'에 관해서 말하고 있고, 같은 시기 제작된 〈곤카츠, 리카츠⁴コンカツ・リカツ〉(NHK, 2009), 〈고엔 헌터ご縁ハンター〉(NHK, 2013) 등 곤카츠를 다룬 드라마의 주인공들도 모두 부모 집에 얹혀사는 30대 중후반 여성으로 설정되어 있다.

그런데 흥미로운 점은 곤카츠 언설의 대상인 파라사이트 싱글들은, 결혼하고 싶은 마음이 간절한 것도, 결혼하지 않으면 안 되는 처지도 아니라는 점이다. 방금 언급한 드라마들의 주인공들도 처음에는 특별히 결혼하고 싶다는 갈망을 가지고 있지 않다. 드라마 〈곤카츠, 리카츠〉의 여자 주인공인 나나미는 어머니와 함께 살고 있는데, 자각해 보니 39세가 되어 있을 뿐 여전히 결혼하고 싶은 마음이 없다. 이런 까닭에 어머니가 팔을 걷어붙이고 나선다. 주인공의 어머니는 자식들을 결혼시키기 원하는 부모들의 '곤카츠' 이벤트에 참가하고, 자신의 딸이 얼마나 매력적인지 어필하며 딸에게 좋은 상대가 없는지 필사적으로 찾기 시작한다. 그리고 딸에게 '부모 집에 있는 것은 앞으로 3개월'이

---

4 리카츠(離活)는 이혼 활동(離婚活動)을 줄인 말이다.

라고 선언하며 그 사이에 결혼 상대를 찾도록 촉구한다.

이렇듯 곤카츠를 다룬 드라마에서는 주인공보다 부모들이 곤카츠를 재촉하고 있는 것으로 설정되어 있는데 어떤 의미에서 보자면 기성세대가 청년 세대의 의식 변화를 촉구하고 있는 것으로 해석할 수 있다. 그런 점에서 곤카츠는 부모 세대 즉 기성세대의 욕망이다.《파라사이트 싱글의 시대》,《곤카츠의 시대》는 한 저자가 10년 간격을 두고 쓴 책이라는 점에서 연동되어 있을 뿐만 아니라, 기성세대가 젊은 여성 세대를 바라보는 '변하지 않는 시선'이라는 점에서 동일하다.

곤카츠를 통해 드러난 소통, 승인에의 욕구
– 드라마 〈고엔 헌터〉를 중심으로

곤카츠를 시작한 청년들이 어떻게 상대를 만나고 결혼에까지 이르게 될까? 드라마 〈고엔 헌터〉를 통해서 곤카츠의 실상을 살펴보자.

〈고엔 헌터〉의 카피 문구는 '결혼은 괴롭다, 혼자는 더 괴롭다' 이다. 즉, 결혼해도 상처를 받고 괴로울 테지만, 혼자 사는 것은 괴로울 뿐 아니라 외로운 것이므로 결혼하라는 메시지를 전면에 등장시킨 것이다. 이야기는 주인공인 커리어우먼 리카, 이노우에 시호(29세, 파견사원), 사카모토 에이키치(40세, 식품회사 연

2013년 NHK에서 방영한 드라마 〈고엔 헌터〉의 카피 문구는 '결혼은 괴롭다, 혼자는 더 괴롭다'였다.

구소 직원), 키요타 에츠코 (45, 리카의 요가 교사), 그리고 리카의 어머니를 중심으로 전개된다.

리카는 회사에서 자기 직무에 충실한 커리어우먼이지만 어머니에게 얹혀살고 있다. 어머니에게 몇 번이고 결혼을 재촉받았지만 본인은 결혼할 마음이 전혀 없다. 그런데 남편을 일찍 여읜 어머니가 먼저 결혼 사이트에 등록하고, 좋은 파트너와 만나고 있음을 딸에게 보고한다. 이 이야기를 들은 리카 역시 결혼 사이트에 등록하고 곤카츠를 하게 된다.

제1단계: 젠더 규범에 기반한 조건과 품평

곤카츠의 실상은 무엇보다 결혼 정보 회사의 매개를 통한 것이다. 곤카츠 시장은 계속 확대돼 현재 그 규모가 500~600억 엔 정도가 된다고 한다(일본결혼상담소협회 조사 결과, 2013). 결혼 정보 회사를 통한 곤카츠의 실상은 한국과 유사하다.

우선 등록, 입회의 과정이 있다. 특히 남성의 경우 여기서 우선 걸러지게 되는데, 학력, 수입, 직업이 일정 레벨에 도달하지 못하면 등록조차 할 수 없다. 1960~1970년대, 즉 고도경제성장기에 만들어진 '남성이 벌어 부양하는 모델'이 현실에서는 점점 그 힘을 상실해 가고 있지만, 결혼 정보 회사에서 요구하는 남성상은 여전히 그 모델에 기반하고 있다. 입회금만 50만 엔인 회사도 있는데, 입회금이 높을수록 지불 능력이 있는 남자가 모여 있다는 생각을 가지게 돼 여성들로부터 신용도가 높다.

이렇게 입회하고 나면 입회자의 희망 조건에 부합하는 이성들의 프로필이 매달 한 번씩 전달된다. 프로필에는 상대를 향한 메시지를 포함해서, 생년월일, 키, 체중, 혈액형, 직업, 학력, 연간 수입, 현재 주거 형태, 주거 지역, 취미, 생활, 가족 구성, 결혼력, 음주, 흡연 유무 등 꽤 상세한 정보가 기재되어 있다. 프로필을 검토하다가 흥미를 끄는 상대가 있을 경우, 그 상대에게 교제 신청 메시지를 보낸다. 상대로부터 접수/수락의 메시지가 오게 되면 상대의 사진과 연락처가 기재된 프로필이 도착하고 이윽고 교제가 시작된다(《현대사상》, 2013년 9월호).

곤카츠 드라마에는 남성이 여성에게 바라는 것, 여성이 남성에게 바라는 것이 노골적으로 표현되어 있다. 온라인상에서 여러 상대의 프로필을 비교하는 것은 아마존에서 상품을 구입하는 과정과 유사하다. 연간 수입, 직종 등 이러저러한 조건 설정으로 검색해서 즐기는 것은 프로필만 있고 상대가 부재한 온라인상에서만 행해지는 일은 아니다. 드라마에는 곤카츠 이벤트 중 현실의 남성과 여성을 앞에 두고 쌍방이 상대의 속성에 관해서 거리낌 없이 묻는 모습이 잘 그려져 있다. 〈고엔 헌터〉에는 곤카츠 이벤트 회사가 주최하는 이벤트에서 초면의 남녀가 마주보고 앉아서 3분 동안 간단히 서로의 정보를 교환한 후 옆자리로 이동하는 장면이 등장한다. 이렇게 3분씩 돌아가며 다양한 상대와 프로필을 교환한다. 여성은 남성에게 수입, 근무처, 저축한 금액 등 주로 경제적인 것들을 질문하고, 남성은 여성에게 나이와 아이를 낳을 수 있는지를 묻는다. 그리고 입 밖으로 꺼내지는 않지만 여성의 용모를 세심히 관찰한다. 이 단계만 놓고 보면 남성도 여성에게 선택되는 대상이라는 점에서 남녀가 평등한 위치에 놓인 것 같지만, 서로가 요구하는 사항에서 젠더의 격차가 확연히 드러난다.

교제의 프로세스 역시, 복수의 이성과의 만남이 가능하다는 점 등에서 일반적인 연애-결혼 과정과 다르다. 오카무(35, 고교 교사)에게 호감을 가진 리카는 수차례 그와의 만남을 가진다. 리카는 오카무와 '이미 사귀고 있다'고 인식하게 되고, 다음번의 데이트에서는 손수 만든 요리를 대접하겠다고 제안한다. 몇 차례의 교제가 거듭되는 가운데, 리카는 오카무로부터 복수의 여성과 만나고 있다는 충격적인 발언을 듣는다. 오카무는 아무렇지 않게 리카에게 "곤카츠란 여러 사람과 만나는 것이어서 연애랑은 달라. 나에게 미안해하지 말고 당신도 다른 사람과 만나.

그런 후에 나를 선택해 주길 바라"라고 고한다. 오카무를 완전히 포기할 수 없는 리카는 자존심을 접고 오카무와 계속 만나지만 결국 "너는 가정적이지 않아"라고 이별을 통고받는다.

이는 곤카츠 이벤트에서 만난 남녀가 관계를 구축해 가는 데 있어서 자연스러운 모습이다. 사회학자 이시다 미츠노리石田光規 는 결혼 정보 회사에서 주최하는 곤카츠 이벤트에 참가하는 경우, 상대가 다른 누군가와 만나고 있을 가능성을 계속 의심해 가면서 자신이 선택받을 수 있도록 이성과의 만남을 거듭해야 하는 점을 지적한다. 그 후, 상대와의 만남이 순조롭게 진행되고 서로 '사귀기로 한다'는 결단에 이르렀을 때 비로소 연애로서의 교제가 시작된다는 것이다. 즉, 결혼까지 프로필 작성, 검토 → (복수의 상대와의) 교제 → 연애적 교제 → 결혼이라는 과정을 거친다. 이시다는 결혼에 이르기까지의 프로세스를 '시장화된 연애, 결혼 시스템'이라고 명명한다.

제2단계: 자기 분석

이성으로부터 사귀자는 프러포즈를 좀처럼 받지 못하거나, 마음에 드는 상대와 교제할 수 있는 단계에까지 이른다고 해도 의사소통이 잘 이루어지지 않아 자기혐오에 빠지는 사례도 적지 않다. 이럴 때 등장하는 것이 '취업 활동'에서도 볼 수 있었던 '자기 분석'이다. 일대일의 관계를 중심으로 진전되어 가는 연애와 달리 복수의 상대 가운데서 선택하거나 선택받는 곤카츠는 자신이 원하는 복수의 기업 설명회에 참가하고 내정을 받아 내려고 하는 슈카츠와 닮아 있다. 그래서 상대와 커뮤니케이션이 잘 이루어지지 않는다든지 데이트까지 이어지지 않는 경우, 그것을 두 사람의 관계 문제로 파악하고 해결하는 게 아니라 곤카츠 컨설턴트에게 개인 레슨을 받는 것으로 해결한다. 그것은 자기계발 세미나에 참가하는 슈카츠생의 모습을 연상케 한다.

〈고엔 헌터〉에서는 곤카츠 마스터 무스부의 집중 강의를 듣는 장면이 자주 나온다. 무스부는 "결혼을 못 하는 이유는 좋은 남자, 좋은 여자가 아니기 때문"이라며, "진심으로 결혼하고 싶다면 그런 자신을 바꿀 것. 그리고 그것은 우선 행동이다"라고 단언한다.

나름대로 용모에 자신이 있고 커리어우먼으로서 살아온 리카는 '나 정도라면 바로 좋은 상대를 발견할 것'이라고 콧대를 높이고 있었는데, 40대 언저리의 여성이 마주하게 되는 곤카츠 사정을 눈앞에 두고 결혼 시장에서 자신의 가치를 절감하게 된다. 이때 무스부는 보통 검은 옷을 입고 이벤트에 참가하는 리카에게 '핑크나 오렌지 계통의 밝은 색 옷을 입을 것'을 권장한다. 한편, 좀처럼 남성과의 관계가 진전되지 않아 자신감을 잃어 가는 시호는 무스부와의 대화를 통해 자신감을 회복하고, 여성과의 대화가 이어지지 않는 게 고민인 에이키치는 무스부의 조언을 곧이곧대로 받아들여 매일 길 가는 여성들에게 말 거는 훈련을 시작한다.

　이뿐만이 아니다. 〈고엔 헌터〉의 등장인물들은 '자신이 바라는 결혼, 미래란 무엇인가'로부터 시작해서, '자신이 어떤 인간이고, 정말 무엇을 원하고 있는지', '앞으로 자신이 살아가는 데 있어서 정말로 소중한 것이 무엇인지' 등에 관해서 자문자답을 해 나간다. 이러한 장면들의 공통점은, 만나 본 상대가 어떤 사람이었는지, 서로의 성격과 취미는 잘 맞는지, 그리고 상대에 대한 생각은 어떤지 같은 관계성을 둘러싼 물음이 부재하다는 점이다. 즉, 타자와 의사소통이 되지 않는 경우 그것을 두 사람간의 문제, 혹은 두 사람이 해결해 가야 할 문제로 받아들이지 않고, 만나는 상대가 균질적이라는 전제하에 자기 내면의 문제로 처리해 버리고 매뉴얼화시킨다.

제3단계: 결혼이 목표로서 달성하는 조건

　연애에서 결혼이 '결과'로서의 산물이라고 한다면, 곤카츠는 결혼이 목표가 되는 실천 행위이다. 그 점에서, 곤카츠는 상대에 대한 '감정' 이전에, 상대와 자신의 조건을 매칭시키는 게 결혼으로 나아가는 전제 조건이 된다. 직업, 연봉뿐만 아니라, 시간이나 거리의 조정擦り合わせ, 부모의 만족 같은 외부적인 요인이 중요한 조건이 된다.

　〈고엔 헌터〉의 리카는 고교 교사인 오카무와의 관계가 깨진 후, 자연히 곤카츠에 정나미가 떨어졌다. 그런데 매칭 조건을 연수입 300만 엔 정도로 설정해 검색한 결과, 두부 집을 운영하는 남자가 눈에 들어온다. 두부 맛을 보다 좋은 상태로 유지하는 것이 최고의 관심사인 그에게는 나날의 날씨, 온도를 체크하는 것이 가장 중요한 일이다. 리카는 날씨나 온도를 중심으로 그의 일상이 돌아가는 것에 왠지 호감을 갖게 된다. 리카는 그와 결혼하는 데 있어서 이점과 난점을 표로 정리해 보는데, 이점은 '상냥하다', '즐겁다' 등 성격에 관한 것이 주를 이룬다. 반면, 난점은 수입이 낮을 뿐 아니라 같이 있을 수 있는 시간이 하루에 딱 한 시간뿐이라는 점이다. 그 후, 몇 번인가 교제를 계속해 가는 도중 리카는 결혼하게 되면 함께 아침을 먹을 수 있도록 그에게 두부 가게의 개점 시간을 늦춰 줄 것을 제안한다. 그녀의 제안에 그는 난색을 표한다. 그리고 자신의 생각만을 강요하는 리카에게 "나는 정말 당신이 일을 그만두기를 바랐어요"라고 한마디 툭 내뱉는다.

그런 가운데, 리카는 같은 결혼 정보 회사의 회원인 에츠코가 요가 교실을 접고 교제 상대가 살고 있는 히로시마広島로 가기로 했다는 놀라운 이야기를 전해 듣는다. 에츠코는 그 사람과 결혼하기로 결심한 이유를 한마디로 이야기했다. "60세 때 오코노미야키를 먹으면서 '맞아요~'라고 말하고 있는 모습, 즐겁지 않아?" 60세의 자신을 위해 지금의 일을 그만두고 히로시마로 가는 에츠코를 앞에 두고 리카는 아직 연애 감정조차 품지 못한 두부 집 그와의 결혼 가능성에 관해 다시금 생각하기 시작한다.

한편, 파견사원으로 일하고 있는 시호는 1년 안에 결혼하지 못하면 평생 결혼을 못 할지도 모른다는 생각에 꽤 초조해져 있다. 바로 그때 에이키치를 만난다. 가능한 한 빨리 결혼하고 싶은 두 사람의 대화는 활력을 띠고, 결혼 이야기도 점점 속도를 더해 간다. 결혼을 '지금의 생활로부터 빠져나올 수 있는 최선의 방법'이라고 생각하고 있는 시호도, 빨리 '양친에게 손자의 얼굴을 보여 주고 싶다'고 생각하고 있던 에이키치도 대만족이다. 그런데, 결혼 소식을 전하기 위해 에이키치의 어머니를 만난 순간, 시호는 자신과 이야기할 때보다 더 행복한 표정을 짓고 있는 에이키치를 발견한다. 시호는 에이키치가 어머니를 행복하게 해 주기 위해 결혼하려고 했다는 것을 알게 되고, 두 사람은 '누구라도 좋으니까 일단 결혼하고 싶었던' 서로의 마음을 알아챈 후 깨끗하게 헤어진다.

이러한 곤카츠 드라마가 보여 주는 것은, 조건의 조정擦り合わせ이 결혼의 전제가 된 결과 본래 인간관계에 으레 따르기 마련인 갈등이 결혼을 하기로 결정한 후 나타난다는 점이다. 그 갈등을 극복하려는 경우도 있지만 많은 경우는 상대가 보인 반응이나 태도에 실망하고 이별을 선택한다. 결국, 조건이 조정된다고 해도 '속성에 기인하지 않는 본래의 자신을 인정해 주기를 바라는' 승인의 욕구는 결혼이라는 최종 결정을 내리는 데서 타협할 수 없는 영역이라는 것을 이야기해 주고 있다. 무엇보다 곤카츠 드

라마에는 상대와의 소통 방식이 관계성 구축의 초보 단계에 머물고 있다. 상대에 대한 애정을 표현하는 상투적인 말조차 입에 올리지 않는데, 서로 결혼을 전제로 만나고 있는 것이다.

또 곤카츠 드라마에는 결혼에 대한 남녀의 인식 차가 잘 그려져 있는데, 여전히 일본 사회가 기존의 성별 분업으로부터 자유롭지 않다는 것을 이야기해 준다. 남자 주인공이 '너는 가정적이지 않아', '일을 그만두길 바랐어'라고 입 밖으로 내뱉은 말들은, 남성이 여성에게 원하는 것이 '케어'라는 것을 이야기해 준다. 즉, 남성에게 결혼은 자신의 라이프스타일을 유지한 채 '함께 밥을 먹을 상대가 필요해', '일상사를 챙겨 줄 상대가 필요해'라고 하는 것에 지나지 않는다. 여기에 비해 여성에게 결혼은, 일을 그만두고 남자의 라이프스타일에 스며들어 가는 구도로 되어 있다. 요가 강사인 에츠코는 혼자 일을 계속해 가기보다는 파트너와의 생활을 선택한다. 거기에는 노후의 고독을 회피하고 싶다는 욕망이 작용하고 있다. 리카 또한 회사에서 승진의 기회가 주어지지만 결혼할지도 모른다는 가능성을 넌지시 비추면서 스스로 물러난다. 여전히 여성에게 결혼은 인생의 결단을 강요하는 일인 것이다. 그래서 시호처럼 결혼을 '지금의 생활로부터 빠져나갈 수 있는 최선의 방법'이라고 생각하는 여성도 적지 않다.

〈고엔 헌터〉를 보고 블로그 등에 글을 남긴 사람들 중에는 곤카츠를 해 본 사람들이 많았는데, '현실을 잘 반영하고 있다', '나도 같은 경험을 했다'라는 의견이 많았다. 그렇기는 하지만, 곤카츠 그 이후의 스토리가 신경 쓰이는 것은 나뿐일까? 그/녀들은 잘해 나갈 것인가?

이야기되지 않는 곤카츠 – 여성의 빈곤

'결혼은 여자의 행복', '결혼은 인생 최대의 이벤트'라는 인식이 아직 많은 싱글 여성들에게 뿌리 깊게 남아 있다는 것이 곤카츠 드라마를 통해서 분명해졌다. 이러한 결혼에 대한 여성들의 인식은, '가정적인 여성', '전업주부'라는 남성의 여성에 대한 시선과 일치한다. 그녀들은 막연하게 결혼을 바라고 젠더에 기반한 결혼관을 내면화하고 있으면서도 한편으론 있는 그대로의 자신을 인정받기 바라는 '자기 승인'의 욕구하에 자기 분석이나 갈등을 반복한다. 그런데 곤카츠 언설의 대상은 곤카츠 드라마에서 볼 수 있듯이 스스로 파트너를 선택할 수 있는 여성들만이 아니다.

심리학자인 오구라 치카코小倉千加子는 계층화된 사회에서 여성의 결혼도 계층에 지배받고 있다며《결혼의 조건結婚の条件》(2003)에서 결혼의 형태를 '의존혼', '보존혼', '생존혼'으로 나눈다. 오구라에 따르면, '의존혼'은 전업주부가 되는 경로로, 남성의 안정적인 소득이 결혼 조건으로 중요시된다. 샐러리맨의 아버지와 전업주부인 어머니를 둔 단기대졸 여성들, 일이 아닌 단기 아르바이트나 취미생활을 하고 있던 여성들이 그 대상이다. 주지하다시피, 이것은 파라사이트 싱글에 많이 보이는 경우로, 바로 곤카츠 언설의 대상이다. '보존혼'이란 대졸 여성들이 그 대상으로, 남성에게 가사의 분담을 요구하고 자신의 전문직을 이어 가려는 여성들의 결혼을 가리킨다. 한편, '생존혼'이란 생존을 위해 하는 결혼으로 조혼인 경우가 많고 지방 출신의 고졸 여성, 경제적으로 불안정한 처지의 여성들이 선택하는 것이다. 이 생존혼이 곤카츠 언설로부터 주변화되어 온 존재이다.

2011년 12월, 〈아사히신문〉에 게재된 '독신 여성, 세 사람 중 한 사람은 빈곤, 모자 가정은 57%単身女性、3人に1人が貧困 母子世帯は57%'[5]라는 기사는 많은 반향을 불러일으켰다. 국립사회보장·인구문제연구소는, 20~64세의 싱글 여성 세 사람 중 한 사람은 빈곤 상태에 있고, 1997년에는 130만 엔이었던 연평균 수입이 2010년의 조사에서는 112만 엔까지 내려갔으며, 최근의 분석에 따르면 20~64세의 독신 여성의 32%가 '상대적 빈곤'에 처해 있다는 결과를 내놓았다. 특히 10~20대 여성의 빈곤은 심각한 상태이며, 그 태반이 비정규직 고용 상태라는 결과가 나왔다. 올

---

5 www.asahi.com/special/08016/TKY201112080764.html

초에 방영된 NHK 다큐멘터리 '내일이 보이지 않는다 — 심각해 지는 젊은 여성 빈곤あしたが見えない-深刻化する"若年女性"の貧困'(〈클로즈 업 현대クローズアップ現代〉, 2014년 1월 17일)에서는, 아르바이트를 세 개나 하고 있으면서도 월 10만 엔밖에 벌 수 없는 10대 여성의 이야기, 그리고 아르바이트로 가계를 지탱해 가면서 통신제 고 교에서 배우며 "인생의 이상 같은 건 없지만, 어쨌든 지금의 생 활로부터 탈출하고 싶다"고 털어놓은 싱글맘 가정 출신의 17세 여성의 이야기가 다루어졌다. 이렇듯 미디어에서 본격적으로 다 루면서 젊은 여성들의 빈곤 문제는 '걸스 푸어'라는 이름으로 조 금씩 알려지기 시작했다.

지금까지 여성의 빈곤은 문제시되지 않았던 것은, 일본에서 는 남성이 밖에서 일을 하고 여성은 가사와 육아를 책임진다는 가치관이 뿌리 깊게 박혀 있었기 때문이다. 여성은 남성에게 부 양받으니까 저수입은 당연하게 여겨져 왔고, 실제로 사회 정책 측면에서도 이러한 인식을 기반으로 시스템을 구축해 왔던 것 이다. 파라사이트 싱글이라는 말 역시 젊은 여성들에 대한 비난 의 의미가 강한데 그 배경에는 부모의 경제력이 그녀들의 생활 을 가능하게 해 왔다는 인식이 있다. 그런데 부모의 경제력이 충 분치 않은 싱글 여성의 경우 자신의 생활비는 물론이고 부모까 지 돌봐야 하는 상황에 놓여 있다. 특히 지방의 경우 대학 진학 율이 낮고 고교를 졸업하고 바로 일을 시작하는 여성들이 적지 않다. 그런데 정규직 일자리는 적고, 임금은 수도권에 비하면 터무니없이 싸며, 장시간 노동을 해야 하는 상황에 내몰리게 된다. 그러한 가운데 혼기를 놓치거나 혹은 '생존혼'을 하지 않으면 안되는 여성들도 존재한다. 셀프헬프그룹[6]에 다니는 사람들, 자살미수를 반복하고 있는 사람들 등 오랜 기간 정신질환을 앓고 있는 여성들을 취재해 온 아마미야 가린은, 그녀들의 이야기로부터 얼핏 노동과는 관계없어 보이는 부분에서 '여성들의 힘겨움'을 감지하게 된다고 한다.

"가끔 셀프헬프그룹 등에서 이야기해 달라고 해서 나가곤 하는데, 예컨대 대학생 때부터 부모의 병간호만을 쭉 하다 보니 취직도 못 하고, 결국 부모는 돌아가시고, '어쩔 수 없으니까 살기 위해서 결혼했습니다'라고 하는 사람도 있고 해서 엄청 놀랐어요. 결혼해서 아이를 낳고 그러기는 했지만, 그런 식으로 자신의 뜻에 반해, 생활을 위해서 결혼해 아이까지 낳아 버린 자신을 이해할 수 없다는 이야기를 해요. 여기에는 단 한마디도 '노동'이라는 말이 나오지 않았고, 실제 그녀는 노동을 해 본 적이 없어요. 그러나 이것은 정말이지 '노동의 문제'입니다. 부모의 병간호로 대학을 그만둬 버리고 취직도 할 수 없게 된 것이기 때문에 결국 선택지가 없어져

---

6 어떤 장애나 곤란을 겪고 있는 사람들이 전문가에게 의뢰하지 않고 스스로 문제를 해결하기 위해 조직한 당사자 그룹. 자조그룹이라고 말하기도 한다.

버린 것이지요."

— 아마미야 가린, 〈여백에 숨어 있는
'여성의 빈곤'余白にひそむ「女性の貧困」〉, 《현대사상》, 2012년 11월호

　'여성의 빈곤'이라는 일종의 '노동의 문제', '구조의 문제'를, 당사자들은 '개인의 문제'라고 받아들이고, 끔찍한 현실을 견딜 수 없어 몇 번이고 자해 행위를 한다든지, 자살 미수를 일으킨다. 아마미야 가린의 지인 중 한 사람(중졸의 여성)도 한동안 홈리스로 지내다가 현재는 생활보호를 받고 있다고 한다. 그녀는 만남 사이트를 이용해 매춘을 하면서 살아왔고, 그 전에는 가정 폭력 가해자인 남자와 함께 살았다고 한다. 5년간 계속 가정 폭력에 시달렸지만, 결국 그에게 버림을 받고, 거주지도 없어져 홈리스가 되었다고 한다.

　이렇듯 여성의 빈곤은 남성에게 일방적으로 의존하게 하거나 풍속점風俗店[7]에서 성적 노동을 하게 만들기도 한다. 근래, '기숙사, 식사 제공, 탁아소 완비'라고 생활 지원을 내걸고 있는 풍속점이 늘어나고 있다고 한다. 특히 10대에 아이를 낳은 싱글맘의 경우, '자신이 일하지 않으면 굶어 죽는' 상황 때문에 풍속점에서 일하게 된다. 그 가운데는, 생활보호 신청을 했지만 생활 상

---

7 성적 서비스를 제공하는 가게.

태에 대한 면밀한 조사에만 2~3개월이 걸린다고 해서 단념하고 일하기 시작한 여성들도 있다. 그녀들을 앞에 두고, 아마미야 가린은 '당사자주의'와 '여성의 빈곤 문제의 언설화' 사이의 괴리를 지적한다.

"그녀들에게 여성의 빈곤 따위는 자명한 것이지요. 그녀들에게 이야기하게 하지 않아도, 여성의 빈곤, 여성 노동의 가혹함을 제일 잘 알고 있죠. 그 괴롭고 쓰라림을 온몸으로 몽땅 삼키고 있으니까요. 그렇지만, 그녀들은 결코 여성의 빈곤 문제를 말한다든지 하지 않아요. 당사자는 지금 당장의 생존에 진력하고 있고, 분석 같은 건 가능하지 않으며, 자신의 몸에서 일어나고 있는 것을 언어화할 수 없어요. 그게 가능하다고 해 봤자 그 무엇에도 보탬이 되지 않을 것이기에."

– 아마미야 가린, 앞의 글

이렇게 보면 여성의 빈곤은 특별히 지금 시작된 것도 아니며 단지 가시화되지 않은 문제임을 알 수 있다. 아마미야 가린은 여성의 빈곤 문제나 노동 불안정성의 문제가 항상 사후적으로 (재) 발견된다는 점을 날카롭게 지적한다.

현재 비정규 노동자는 여성 57.5%, 남성 22.1%로 여성이 압도적으로 많다. 또, 결혼했지만 남편의 폭력으로부터 도망쳐 나온 여성들은 불안에 떨면서도 자립을 요구받고 있다. 싱글맘들의 평균 연수입은 171만 엔으로, 생활보호 지원이 있어도 빠듯한 살림살이다. 임상심리사인 스즈키 아키코鈴木晶子는 지속적으로 일할 수 있는 여성이란 지금까지 '정사원의 여성'만이라는 인식이 널리 공유되어 왔는데 빈곤과 격차사회가 심각해지는 가운데 가난한 여성들이야말로 지속적으로 일하지 않으면 안 되는 상황에 처해 있는 아이러니를 지적한다. 특히 자라 온 가정환경이 좋지 않은 경우 자녀세대에도 그것은 이어질 것이고, 사회의 계층화는 심각해질 것이다. 더욱이 비정규직 여성의 경우 비정규직 남성을 만날 수밖에 없는 경우가 대부분이고, 육아휴직을 쓸 수 없는 조건에서 결혼, 육아는 당치도 않은 이야기가 된다. 이른바 계급에 의한 생활 공간의 분열이 생기고 있는 것이다(〈클로즈업 현대〉, NHK, 2014년 1월 17일).

'샐러리맨 남편 + 전업주부'라는 가족상은 고도경제성장기의 이상적인 삶의 방식인 동시에 중산층 계급의 삶의 방식이었다. 이렇게 보면 그 자녀 세대에서 보이는 파라사이트 싱글, 곤카츠 등은 이 중산층 계급의 위기와 불안으로부터 생겨난 것임을 알 수 있다.

3.11 이후의 가족, 곤카츠 언설의 행방

곤카츠 언설에는 다양한 욕망이 뒤섞여 있다. 연금 생활에 들어간 부모를 앞에 두고 곤카츠 이벤트에 참가하는 여성들, 가정적인 여성을 구하기 위해 곤카츠 이벤트에 참가한 남성들, '어머니와 같은 전업주부가 되고 싶다'라는 여대생들, '슈카츠에 지쳐서 나는 역시 결혼이 좋아'라고 중얼거리는 젊은 여성들. 어느 쪽이든 곤카츠 언설 공간에서 과도하게 소비되어 왔다고 할 수 있다. 아마미야 가린은 말한다. "일찍이 '희망은 전쟁'[8]이라는 말이 있었지만, 2013년의 현상은 '희망은 결혼'이라고 말할 수 있는 것 아닐까." '결혼하면 만사 오케이'라는 환상이 한편에 있고, 그것을 깨뜨리고 도망치기 힘든 가혹한 현실이 있다. 어쨌든 남성, 여성을 포함해 지금 청년들은 '결혼하지 않으면 안 된다', '결혼 같은 건 불가능해', '결혼한다면 완성あがり'이라는 겹겹이 삽상한 리얼리티의 협간에 있는지도 모른다(《현대사상》, 2013년 9월호).

이처럼 청년들을 농락하는 현상을 보고 있으면, 곤카츠 언설은 슈카츠 언설처럼 청년들을 속이는 의미가 포함되어 있는 것처럼 보인다. 저널리스트 다케노부 미에코竹信三恵子는 곤카츠 현

---

8 38쪽 각주 1 참고.

상을 다음과 같이 말하고 있다.

> 미국이나 유럽과는 달리, 남녀가 경제적으로 그다지 평등하지 않은 일본의 경우, 남성의 고용이 악화되어 가는데 여성이 진출할 수 있는 장소가 없다. 집 밖으로 나온다고 해도 자립 불가능한 일자리밖에 없다. 그렇게 되면 역시 남자를 찾을 수밖에 없게 된다. 결혼할 것인가 말 것인가가 아니라, 결혼할 수 있을까/없을까가 된다. 결혼 이외에 먹고살 수 있는 길이 변함없이 좁은데, 종래형의 결혼이 가능한 남자들은 확 줄어들어 버렸다. 그 결과 결혼의 장벽이 대단히 높아져 버렸고, 좁은 문으로서 필사의 곤카츠가 생겨난 것이라고 생각한다.
>
> — 다케노부 미에코, 〈'전신 곤카츠'에서는 극복하지 못한다「全身婚活」では乗り切れない〉, 《현대사상》, 2013년 9월호

이러한 곤카츠 언설을 보면서 이 언설의 진짜 주체는 누구인가를 묻게 된다. 다케노부가 지적한 것처럼 '노동에 있어서 젠더 격차라는 현실'을 염두에 두지 않고 곤카츠에 관한 환기를 가져온 '좋았던 옛날의 일본'을 회고하는 주체, 즉 남성 중심 사회의 모습을 욕망하는 기득권들이 그 주체로서 떠오른다. 그것은 3.11 지진 이후, 가족 언설이 눈에 띄게 늘어난 것으로부터도 엿볼 수 있다.

3.11 이후, 미디어를 통해서 빈번히 흘러나온 '가족의 끈', '힘
내라 일본'이라는 연호. 지진 직후, 서로 연락을 취하는 가족의
모습, 무사히 재회한 후 기쁨의 눈물을 흘리는 가족, 부모가 쓰
나미에 휩쓸려 가고 그것을 탄식하는 아들 부부 등의 영상이 미
디어를 통해서 쉴 새 없이 흘러나왔다. 거기에는 부부와 아이들
로 구성된 표준 가족(+조부모)만이 존재했다. 싱글이나 싱글맘,
노상 생활자, 성소수자 등의 삶은 전해지지 않았다. 후쿠시마 제
1원전 사고가 있은 후 절전 캠페인이 나왔고, 거기에도 각 가정
이 어떻게 아이디어를 내어 절전할 것인지, 하나가 되어서 위기
에 처한 일본을 구하려고 하는 가족의 모습이 주인공이었다. 한
마디로 일본의 가족이란 규범으로서의 가족이고, 그것은 '공공
(국가, 기업)'에 기여하는 형태로서의 가족이다. 그리고 일본의 가
족상이란 남성이 생계를 책임지는 성별 분업에 기초한 '표준' 가
족이고, 지진 후 강조된 '끈/유대' 역시 이러한 가족상에 기초해
있다.[9]

하지만 현실에서 이런 가족상은 표준적이기는커녕 소수파로

9 '가족의 끈'이라는 말과 함께 '지진혼(震災婚)'이라는 말도 유행했다.《지진혼》(2011)의 저
자 시라카와 모모코(白河桃子)는, 결혼하고 싶은 마음은 있어도 행동하지 않았던 미혼들이
대지진을 계기로 결혼을 위해 움직이기 시작했다는 점을 지적한다. 그런데 시라카와는 동
시에 지진 후 연인과 헤어졌다든지 이혼을 결심한 사람도 많다고 언급하고 있다. 즉, 생명을
위협하는 자연재해를 겪은 후 사람들은 자신의 라이프코스를 바꾸는 것과 같은 중대한 결
단을 취한다는 것이다.

전락하고 있으며, 일본 세대의 대다수는 싱글이 점하고 있다. 이것을 잘 이야기해 주는 것이, 수년 전에 화제가 된 NHK 다큐멘터리 〈무연사회無緣社会〉(2010)이다.[10] 이 다큐멘터리는 신원 불명으로서 관보에 '행려사망인'으로 고지된 한 남성의 의외의 인생, 가족에게 인수를 거부당한 시신의 행방, 고독사 현장을 정리하는 '특수 청소업자' 등 주변에서 벌어지고 있는 연고자 없는 죽음의 충격적인 사실을 취재한 것이다. 〈무연사회〉는 지연, 혈연등이 붕괴하고 '외톨이'가 증가하는 일본의 현실로부터 연고자 없는 죽음이 더 이상 다른 사람의 일이 아니라는 것을 이야기해 주었다.

3.11 이후 가족 언설이 강조되는 배경에는, 이런저런 '연緣'이 붕괴하고, 점점 개별화, 고립화되는 현실에서 관계성 회복에 대한 욕망을 지난날의 '가족의 끈'으로 치환하려는 의지가 개입되어 있다. '가족의 끈'과 마찬가지로 곤카츠 언설은 현실을 반영한 것이라기보다는 기성세대가, 보다 정확히는 고도경제성장기의 중산 계층 남성들이 여성을 비롯한 청년 세대에게 곤카츠에 대한 욕망을 불어넣으려 한 현상에 지나지 않는다고 볼 수 있다.

사회학자 오사와 마사이치大澤真幸는 일본이 '이상의 시대', '허구의 시대'를 넘어서 '불가능의 시대'에 들어갔다고 진단한다

---

10 〈무연사회〉는 서적으로도 출판되어 한국어 번역본이 나와 있다. NHK무연사회프로젝트팀, 김범수 옮김, 《무연사회 – 혼자 살다 혼자 죽는 사회》, 2012.

《불가능의 시대不可能性の時代》, 2008). 그에 따르면 전후로부터 고도 경제성장기를 거쳐 1970년대까지 이어진 '이상의 시대'에는, 일본 사람과 일본 사회에 무엇이 이상인지 명확했고, 그것을 향해 나아가는 것을 좋은 인생, 좋은 사회라고 믿는 게 가능했다. 그후 경제가 안정기에 접어들고, 신인류(신세대) 문화가 등장하고, 오타쿠, 애니메이션, 디즈니랜드 등 현실로부터 도피하는 경향, 이른바 현실조차도 언어나 기호에 의해서 구조화되어 일종의 허구로 간주되는 '허구의 시대'가 되었다. 특히, 옴진리교 사건은 오사와에 따르면 허구의 시대의 한계, 종언을 확정짓는 사건이었다. 옴진리교 사건 이후의 현재는 말하자면, 타자(사람, 목표로 해야 하는 것)의 부재, 즉 무엇을 믿고 나아가야 하는지 알 수 없는 시대, 자신이 무엇을 위해서 살고 있는지, 스스로의 생을 의미 짓는 서사를 만들 수 없는 시대이다. 그는 이것이 지금 우리들이 느끼고 있는 폐색감의 원천이라고 말한다. 이 시대 상황 가운데 현실'로부터' 도피하는 게 아니라 오히려 현실'로' 도피하는 사람들이 나타나고 있다는 것이다. 곤카츠, 가족, 그리고 슈카츠까지도 그 양상을 이야기해 주는 것은 아닐까?

곤카츠 드라마에서 보여 준 것처럼 현실은 취직도 결혼도 점점 불가능한 시대로 들어선 듯 보인다. 이와 더불어 결혼과 가족에 대해 다시 묻는 시대가 되었다. 그것은 결혼이나 가족이라는 제도를 근본적으로 부정한다기보다는 다양한 가족의 가능성

을 모색하는 시대가 되었다는 것을 의미하는 게 아닐까. 젠더에
따른 삶의 역할 분담이 아니라 함께 살아가는 것의 의미, 소통의
중요성이 다시 강조되고 있다. 셰어하우스의 실천은 여기에 대
한 하나의 응답이 될 수 있을 것이다.

8장

하위문화 속에서
발견한 '민의'

민주주의를 말하는 일본 청년들

왜 지금 민의인가?

지난 2013년 6월 8일 제5회 AKB48의 32번째 싱글 앨범 멤버 선발 총선거가 닛산스타디움에서 열렸다.[1] 이날 약 7만 명이 넘는 팬들이 스타디움을 꽉 채웠다. 스튜디오와 현장을 오가며 개

---

[1] AKB48은 일본의 여성 아이돌 그룹이다. AKB는 도쿄 아키하바라(Akihabara) 극장에서 따왔고, 48은 초기 멤버 수가 48명이었기 때문에 붙은 이름이다. SKE48, NMB48 등의 자매그룹까지 포함하면 총 멤버 수가 150명을 넘는다. 앨범을 발표할 때 팬들의 인기투표를 통해 참가 멤버를 결정함으로써 형평성을 추구함과 동시에 팬과 아이돌 사이의 관계를 한층 더 끈끈하게 만드는 전략을 취하고 있다.

표 과정이 공중파 텔레비전에서 4시간 동안 생중계되기도 했다. 이 선거의 총 투표수는 1,166,145표였고, 이 중 CD 투표수는 779,090표로 전체 투표수의 2/3를 차지했다(그 외 팬클럽이나 휴대전화 사이트 회원 등의 투표가 있다). CD의 추정 판매 수는 약 백만 장.

AKB48. 연예계에 그다지 관심이 없는 나에게도 이 여성 그룹의 이름은 익숙하다. 시부야처럼 사람들이 많이 모이는 거리 이곳저곳에 이벤트 포스터가 걸려 있고 대형 광고판에서는 이들의 활동을 알리는 영상이 쉴 새 없이 흘러나온다. 일본에서는 한류 붐의 영향으로 K-pop 팬이 많지만 그중 대부분은 젊은 여성들이며, 일본 젊은 남성들 중에는 AKB 팬이 압도적으로 많다. 왜 그들은 AKB에 열광하는 것일까?

그 이유를 보다 분명히 알게 된 것은 젊은 지식인들이 펼치는 와카모노론을 통해서였다. 최근 일본의 청년 지식인들은 AKB나 니코니코 동화＝ニコニコ動画[2] 등 일본의 하위문화 중의 하나인 오타쿠 문화를 중심으로 자신들의 사상을 전개하고 있는데, 그 성과들이 구체적으로 하나둘 나오기 시작했다.《일본문화론日本文化論》(이시다 에이이치로石田英一郎, 2013),《마에다 아츠코는 그리스도를 넘었다前田敦子はキリストを超えた》(하마노 사토시濱野智史, 2012) 등과

2　일본의 UCC 동영상 사이트. www.nicovideo.jp

일본의 대표적 아이돌 그룹인 AKB48. 일본의 청년 지식인들은 오타쿠 문화를 상징하는 AKB48을 통해 '재미'와 '소통'을 기반으로 한 새로운 민주주의의 가능성을 읽는다.

같은 책을 비롯해서 텔레비전에서도 와카모노론을 테마로 하는 토크쇼 등이 만들어지고 있다. 오타쿠 문화 가운데서도 가장 중요한 위치를 차지하고 있는 AKB 현상을 이들이 그냥 넘어갈 리없다. 특히 나의 관심을 끈 것은 AKB 총선거에 대한 이들의 해석이다.

최근 국정 선거에서 청년층의 투표율은 계속해서 40%를 밑돌고 있다. 그런데 도쿄돔이나 닛산스타디움에서 열리는 AKB 총선거는 청년들의 인파로 가득 찬다. 이러한 이들의 인기에 관해서 청년 지식인 우노 츠네히로宇野常寬는 소셜미디어를 기반으로 아이돌과 팬들이 상호작용해 만들어 낸 '자생적 민주주의'라고 평한다. 이들 청년 지식인들은 AKB 현상을 일본의 하위문화로만 위치시키는 게 아니라, 이 하위문화 속에 녹아 있는 '민의'를 발견하고 지금의 일본 사회를 바꾸기 위한 하나의 '장치'로서 주목하기 시작한 것이다.

지진 직후에 볼런티어로 분주한 청년들, 탈원전 데모에 참가한 청년들, 그리고 상승 지향적인 라이프스타일을 거부하는 니트 청년들, 관계성을 회복하기 위해 셰어하우스에서 사는 청년들 등 3.11 이후 다양한 곳에서 벌어진 그들 나름의 실천으로부터 포착한 것은 정치부터 라이프스타일에 이르기까지 '성장'으로 대표되는 전후 체제를 넘어서지 않으면 안 된다는 의식이었다. 그런데 지진 후 4년이 지난 지금, 정치 세계에서 탈원전의 분위기는 사라졌고, 경제/고용 회복을 요구하는 기득권 세력과 산업화적 가치를 내면화한 세력들의 지지를 받는 보수 정권이 권력을 되찾았다. 그리고 이들은 맹렬히 시대를 과거로 되돌리려 하고 있다. 사회를 바꾸고 싶어 하는 사람들은 이런 상황들을 지켜보며 정치는 쉽게 변하지 않는다는 것을 자각하고 있다. 특히나 고령화 사회가 된 지금, 정부는 고령자 중심의 정책을 앞세우며 청년 정책은 도외시하고 있다. 40%의 투표율이 말해 주듯이 이대로라면 20대들은 점점 현실 정치로부터 멀어져만 갈 것이다. 3.11이 분명히 보여 준 것은 그 이전부터 존재해 왔던 정치 세계와 일상 세계의 간극이었는데, 그 간극이 좁혀지기는

커녕 다양한 영역에서 자기 나름의 실천을 하고 있는 청년들의 목소리가 여전히 정치의 세계에 가 닿기 힘든 상황이 계속되고 있다.

이런 상황 가운데서도 최근 1970~1980년대에 태어난 청년 지식인들이 일본 사회에 관해 지속적으로 발언을 쏟아 내기 시작했다는 점은 희망적이다. 사상가이자 오타쿠 문화 연구의 최전선에 있는 아즈마 히로키東浩紀를 비롯해 우노 츠네히로, 하마노 사토시, 그리고 웹 정치의 가능성을 설파하고 있는 츠다 다이스케津田大介,《'후쿠시마'론 - 원자력촌은 어떻게 생겨났는가「フクシマ」論-原子カムラはなぜ生まれたのか》(2011)라는 한 권의 책으로 주목을 받고 있는 사회학자 가이누마 히로시開沼博, 제로엔 하우스의 실천가 사카구치 교헤 등이 우선 눈에 띈다. 2007년 한국에서도 번역 출판된《동물화하는 포스트모던 - 오타쿠를 통해 본 일본 사회動物化するポストモダン-オタクから見た日本社会》(2001)의 저자 아즈마 히로키는 무크지인《사상지도思想地図》시리즈를 간행한 후 스스로 설립한 주식회사 겐론genron에서 현대 사상부터 일본 사상에 이르기까지 다양한 발언을 하며 활동을 전개하고 있다. 우노 츠네히로 역시 친구들과 함께 창간한 비평지《PLANETS》을 거점으로 일본 사상에 관한 비평 활동을 하고 있다. 이들 청년 지식인들은 때때로 함께 일을 하기도 하고, 때로는 조금씩 입장을 달리하기도 하지만 대담 등을 통해서 소통을 지속해 가고 있다.

1970, 1980년대에 태어난 청년 지식인들이 일본 청년 세대들의 하위문화를 재조명하고 적극적으로 발언을 쏟아 내기 시작했다. 《동물화하는 포스터모던》의 저자인 아즈마 히로키가 만든 《genron etc.》(왼쪽), 우노 츠네히로가 친구들과 함께 창간한 비평지 《PLANETS》.

2012년 가을 와세다대학 축제 때 '축제를 업데이트하자!'라는 토크 이벤트에 참가한 적이 있다. 츠다 다이스케, 하마노 사토시, 아즈마 히로키, 가이누마 히로시 등 젊은 논객들이 3시간 반에 걸쳐 AKB와 니코니코 동화의 인기, 그리고 후쿠시마 관광지화 계획에 관해 이야기를 나누었다. 이 세 가지 키워드의 공통점은 바로 '축제적인 분위기를 구축해 가는 것'이었다. 이 자리에서 젊은 논객들은 흔히 전근대적이라고 이해되어 온 '마츠리ﾏﾂ ﾘ, 축제'가 현대 사회를 활성화하는 중요한 열쇠이며, 일종의 공공의 장이라고 말할 수 있는 축제를 통해서 지금의 일본 사회를 바꿀 수 있을 것이라고 말했다.

내용도 내용이지만, 와세다대학 축제의 여러 행사 중에서도 다소 격식을 갖춘 이 자리를 학생들이 가득 메웠다는 게 무엇보다 놀라웠다. 이렇게 많은 학생들이 온 요인은 무엇일까 궁금해졌다. 아마도 정치와는 그 어떤 관계도 없는 것처럼 보이는, 그렇지만 청년들에게는 가까운 존재로 느껴지는 AKB, 니코니코 동화 등을 통해 사회를 바꾸려는 청년 지식인 세대의 인식에 그들이 공감했기 때문이 아닐까.

청년 지식인들에 의한 '밤의 세계'의 발견

일본은 만화, 애니메이션, 게임의 나라다. 특히 지금의 청년들은 이러한 가상 세계를 통해서 자기 정체성을 형성해 온 세대이기도 하다. 많든 적든 (특히 일본의 젊은 남자들은) 오타쿠적인 세계를 공유하고 있다. 그런데 그동안 이런 만화, 애니메이션, 게임 등은 청년들을 현실에서 도피하게 만든다는 혐의를 받아 왔을 뿐만 아니라 현실을 변화시키는 것과는 무관한 일로, 정치적인 것과 상극에 있는 것으로 파악되어 왔다. 일본의 청년들은 만화 캐릭터에만 몰두하고 정치에는 무관심하다는 것이 항상 미디어를 통해서 생산되어 온 담론이다.

이런 비난에 맞서 오타쿠 문화의 세례를 받고 성장한 30~40대 젊은 지식인들은 왜 일본 청년들이 오타쿠 문화에 몰두하는지,

그리고 어떻게 하면 그들의 에너지를 정치의 장으로 가져올 수 있을지 고민하기 시작했다. 우노 츠네히로, 하마노 사토시 등은 일본 사회를 '낮의 세계'와 '밤의 세계'라는 흥미로운 관점에서 읽어 내고 있다.

'잃어버린 20년'이라고 부르듯이, 일본 사회는 지난 20년 동안 특별한 변화 없이 '침몰해 가는 나라'가 되어 버렸다. 정치 분야에서는 기득권을 지키려고 하는 집단이 중심이 돼 경제력과 사회적 파워를 가진 고령층을 대상으로 한 정책만을 주로 내놓았다. 청년층의 목소리는 정치, 정책에 거의 반영되지 않았다. 이런 상황에서 젊은 지식인들은 이른바 정치, 경제라는 '낮의 세계'에서 본 관점과는 다른, 햇빛을 받지 않은 '밤의 세계'로서 일본의 하위문화에 주목할 것을 제안한다. 최근 몇 년간만 보더라도 일본의 하위문화(특히 인터넷 환경과 결합된)는 놀라울 정도의 생성과 진화를 이루었다. 거기에는 지금까지 누구도 상상하지 못했던 신기한 아이디어와 상상력이 가득 들어 있다. 그 대표적인 예가 AKB48 현상이다.

AKB48

AKB48은 앞에서도 잠깐 소개했듯이 2005년에 탄생한 여성 아이돌 그룹이다. 도쿄의 아키하바라에 전용 극장을 가지고 있으며, 텔레비전이나 미디어나 콘서트장이 아니면 만날 수 없는 종래의 아이돌상을 깨고 언제든지 '만나러 갈 수 있는 아이돌'이라는 콘셉트로 매일 밤 멤버를 교체해 가면서 전용 극장에서 공연을 한다. CD를 구입한 사람들을 대상으로 악수회를 열거나 멤버들이 소셜네트워크 서비스인 google+를 적극적으로 활용해 자신들의 활동을 알리는 등 멤버들과 팬이 직접 교류할 수 있다는 게 특징이다. 또한 AKB 멤버들은 완성된 아이돌이 아니라 AKB라는 시스템을 거치면서 성장한다. 졸업한 후에는 여러 분야(배우, 모델, 가수 등)로 진출하는데, 인재 육성 게임 방식을 취하고 있다. 팬들은 그들이 성장해 가는 모습을 곁에서 지켜보게 된다. 맨 처음 결성된 후 몇 년 동안은 미디어로부터 일정한 거리를 둔 채 현장과 온라인 활동을 중심으로 거대한 팬 커뮤니티를 구축했고 2009년 가을부터 미디어에 진출해서 사회 현상으로서 인지되기 시작했다(《PLANETS》, 8호). AKB의 광팬인 하마노는, 제목부터 화제를 모은 《마에다 아츠코는 그리스도를 넘었다》에서 AKB 멤버와 팬의 관계를 다음과 같이 말하고 있다.

네트워크 사회가 된 후 거리가 얼마나 떨어져 있어도, 누구라도 얼마든지 무료로 커뮤니케이션이 가능한 시대에 살고 있다. 그렇기 때문에 돈을 지불해서 얻는 몇 초간의 대화와 인사를 나누는 행위에 정의의 감각이, 이타성의 감각이 깃들어 있는 것이다. (……) AKB, 그것은 면죄부 대신에 악수할 수 있는 권리를 나눠 주는 종교라고 해도 좋다. 그리고 거기에서 그리스도나 신과 같은 초월적인 존재를 인정하고 치유를 받는 것이 아니다. 그녀들은 어디까지나 자신들과 가까이 있는 존재이지 결코 초월해 있는 존재가 아니다. 아니, 오히려 자신들보다 약한 이들인지도 모른다. 약한 그녀들로부터 에너지와 인정을 받는 것이다.

— 하마노 사토시, 《마에다 아츠코는 그리스도를 넘었다》

역시 AKB 팬을 자처하는 평론가 우노 츠네히로는 AKB는 매스컴에 의존하지 않고 현장이나 소셜미디어로 흥행을 이루어 낸 최초의 문화 현상이라고 지적한다(《일본 문화의 논점日本文化の論点》, 2013). AKB는 매일 극장 공연을 하고, 매주 악수회를 열고, 한 해 몇 차례고 음반을 발매하고 있다. 비록 기성 매스컴이 상대해 주지 않아도 현장에 온 팬들은 인터넷에 지속적으로 감상을 올리고, 그렇게 서로 소통하는 것만으로도 AKB의 음반은 대박을 친다. 특히 우노는 AKB 시스템은 '미완성적인 것에 참여하고 응원함으로써 레벨을 높여 가는 게임'에 기반해 있고, 처음부터 완성된 것을 받아들이는 문화와는 쾌락의 발생 원리가 다르다고 지적한다. 그러면서 그는 AKB를 비롯한 하위문화에 몰두하는 오타쿠들의 모습에서 새로운 정치의 가능성을 읽어 낼 수 있다고 한다. 우노는 다음과 같이 말한다.

사회라는 것은 실제로 얼굴과 이름을 인지하거나 감정이 발생하지 않는 상대도 같은 공동체의 일원이라는 전제를 공유하지 않으면 성립되지 않는다. 민주주의가 그런 것처럼, 사회 그 자체도 '일一'과 '다多'를 연결하지 않으면 성립되지 않는다. 그래서 인간의 상상력을 어떤 장치를 통해 증폭시키는 게 필요하다.

– 우노 츠네히로, 《일본 문화의 논점》

지난 세기에는 이 역할을 매스미디어가 수행했다. 우리는 텔레비전 드라마와 스포츠를 보며 이들이 만들어 낸 스토리에 빠져들었고, 그렇게 사회의 일원이 되어 갔다. 그러나 그런 큰 이야기를 만들어 내던 매스미디어의 시대는 지금 끝이 났다. 우노는 매스미디어를 이야기와 같은 것으로, 소셜미디어를 게임과 같은 것으로 설명하는데, 지금 '일'과 '다'를 연결하는 역할은 게임과 같은 소셜미디어에 맡겨져 있다. 우노는 AKB를 게임적인 소셜미디어를 통해 '일'과 '다'를 연결하는 데 성공한 모델로 보고 있다.

이런 AKB의 특징을 잘 보여 주는 예가 선발 총선거이다. AKB의 (싱글 앨범) 멤버는 처음에는 프로듀서가 독단적으로 선발했다. 그런데 '운영자가 일방적으로 선발 멤버를 정하는 건 이상하다', '인기를 더욱 공정하게 측정하는 방법이 있을 것이다'와 같은 팬들의 의견이 쏟아졌고, 그렇게 해서 선발 총선거가 도입

되었다. 현재는 매년 봄에 발매되는 싱글 CD에 딸려 있는 투표
권을 이용해 자신이 추천하는 멤버에게 투표하는 방식을 택하
고 있다. 선거 결과는 1위부터 64위까지 멤버의 서열을 표로 명
료하게 보여 준다. 악수권이나 총선거 투표권은 팬클럽 회원이
나 싱글 CD 구매자에게 주어진다. 팬들은 인터넷에 "○○짱에
게 투표를" 같은 구호를 내걸며 참여를 호소한다. 투표권을 많
이 얻기 위해 CD를 대량으로 구입하는 사람도 있다. 예를 들어
CD를 10장 구입하면 투표권도 10장이 생기기 때문에 여러 명에
게 나누어 투표할 수도 있다. 이 선발 총선거에 대해 우노는 "게
임으로서 대단히 완성도가 높다. 국정 선거에 빗댄다면 이 선거
는 '1위 = 그룹의 얼굴'을 결정하는, 말하자면 정권 선택의 게임
과 16위까지의 선발 멤버를 뽑는 게임, 그리고 신인을 중심으로
64위까지의 입선을 다투는 게임 등 복수의 게임을 하나의 선거
로 즐길 수 있다"고 평가한다.

니코니코 동화와 하츠네미쿠

게임을 통해서 생산자와 소비자의 상호작용을 도모하며 '키우
는' 시스템은 AKB만이 아니다. 오타쿠 문화 연구자들은 니코니
코 동화, 하츠네미쿠初音ミク 등 일본의 인터넷 환경이 생산해 낸
인터넷 문화에도 주목한다.

니코니코 동화는 동영상을 올리는 사이트이지만 투고된 동영

하츠네미쿠는 음성 합성 기술을 응용해 제작한 데스크탑 뮤직 소프트웨어를 말한다. 유저들은 하츠네미쿠로 제작된 곡이나 공식 캐릭터 아이콘을 다양하게 조합해 자유롭게 발표, 유통할 수 있다. 거대한 창작의 일대 파노라마라고 볼 수 있다.

상 작품에 대해 시청자가 입력한 코멘트가 자막이나 텔롭과 같은 형태로 화면을 타고 흐르는 쌍방향적인 커뮤니케이션이 특징이다. 코멘트는 서로 다른 시각에서 제각각 써넣은 것들이지만 흡사 지금 함께 동영

상을 시청하고 있는 듯한 착각을 하게 만든다. 이런 식으로 니코니코 동화는 유저들의 참가 의욕을 촉진시켜서 독특한 커뮤니케이션과 2차 창작물을 생성하는 장으로 발전해 왔다.

하츠네미쿠란, 원래 음성 합성 기술을 응용해 제작한 데스크탑 뮤직 소프트웨어DTM 제품의 이름이었다. 그런데 여기에 이용자들이 아이콘을 부여해 가상의 아이돌인 하츠네미쿠라는 캐릭터를 만들기 시작하면서 선풍적인 인기를 끌게 되었다. 더욱이 유저들은 하츠네미쿠로 제작된 곡이나 공식 캐릭터 아이콘을 다양하게 조합해 자유롭게 발표, 유통할 수 있다. 현재 10만 곡이 넘는 영상, 그리고 20만 장이 넘는 관련 일러스트 작품이 니코

니코 동화 등의 네트 서비스에 올라와 있다. 거대한 창작의 일대 파노라마가 구축된 것이다(《PLANETS》, 8호).

AKB, 니코니코 동화, 하츠네미쿠 등에 보이는 일본의 오타쿠 문화를 우노, 하마노 등은 정보 기술과 일본적 상상력이라는 관점에서 해석한다. 즉, 이들은 니코니코 동화, 하츠네미쿠 등을 활용한 2차 조작적인 공간에서 보이는 게임화 gamification 로부터 사회를 바꾸기 위한 힌트를 뽑아내려고 한다. AKB, 니코니코 동화, 하츠네미쿠 등 참가형 게임은 이용자의 동기를 고취하고, 학습이나 동원의 효율을 높이는 뛰어난 수법을 가지고 있기 때문이다. 이러한 게임화 속에서 사람들은 근대적인 규율 훈련을 받은 시민들과는 결이 다른 유희의 감각에 기초해서 행동을 취한다. 여기에 주목해 우노는 시민에 기초한 서양의 민주주의와는 다른 형태의 일본형 민주주의의 가능성을 이야기한다.

우노의 이러한 해석은 아즈마 히로키가 말하는 '일반의지' 개념과도 연결된다. 아즈마 히로키는 《당사자의 시대当事者の時代》(2012)의 저자이기도 한 저널리스트 사사키 도시나오佐々木俊尚와의 대담〈트위터, 니코니코 동화, 민주주의ツイッター、ニコニコ動画, 民主主義〉(2011년 12월 19일)에서 서양에서 수입해 온 개념이기도 한 '성찰적 민주주의熟議民主主義'라는 엘리트 중심의 민주주의의 한계를 지적한다. 즉, 엘리트적 용어를 구사하며 마치 민주주의의 대변인인 것 같이 행동하는 정치가의 이야기에는 일반 시민의

목소리가 반영돼 있지도 않을뿐더러 오히려 일반 시민과 민주주의 사이의 괴리만 넓힌다는 것이다. 그렇기 때문에 그는, 어떤 의미에서 '침묵하는 다수'라고도 말할 수 있는 보다 많은 시민들의 목소리(일반의지)를 정치에 반영시키기 위해서는 성찰적 민주주의가 아니라 비언어적 커뮤니케이션에 의한 또 다른 민주주의를 생각하지 않으면 안 된다고 말한다.

'대화'가 아니라 '공기'를 읽는 일본적 커뮤니케이션 문화, 그리고 공적인 발언을 하는 것을 무척이나 힘들어하는 일본 사람들을 고려하면 대다수의 침묵하는 사람들의 의사/의지를 읽어내는 데 최신의 정보 기술, 즉 트위터나 페이스북은 매우 유용하다. 아즈마는 평범한 시민들이 쉴 새 없이 중얼거리는 이 소셜미디어는 사회적 공기가 가시화되는 장치이자 대중의 무의식이 가시화되는 장소라는 점을 지적한 후, 이렇게 표면으로 그 모습을 드러낸 '민의'를 어떻게 현실 정치에 잘 살려 나갈 수 있을지를 묻는다. 나아가 그는 이렇게 인터넷 시대에 새롭게 발견된 민의가 사실은 꽤 오래된 정치사상과 관련되어 있음을 이야기한다. 아즈마는 루소가 《사회계약론》에서 제기한 수수께끼 같은 '일반의지'라는 개념이 구글, 니코니코 동화, 소셜미디어 등을 통해서 구체적인 모습으로 드러났다고 해석한다. 그는 루소의 일반의지가 인터넷 세상을 통해서 업그레이드되어 재도래했다는 의미로 '일반의지 2.0'이라고 이름 붙이기까지 했다.

소비의 주체로부터 사회변혁을 생각한다

AKB, 니코니코 동화 등의 오타쿠 문화에 대한 새로운 관점에서도 나타났듯이, 주로 1970~1980년대에 태어난 일본의 청년 지식인들은 현재 일본 사회를 근대적 관점이 아닌 탈근대적 관점으로 읽으려 하고 있다. 즉 경제성장의 관점에서 벗어나 히키코모리와 니트를 바라보고, 생산이 아닌 소비의 영역이라고 인식되고 있는 오락이나 하위문화 등을 통해 일본 사회의 가능성을 보려고 하는 것이다. 이런 관점은 어떤 의미에서는 현재의 청년들이 처한 상황에 대한 긍정이기도 하고, 또는 즐거움을 긍정하는 삶의 방식이기도 하다. 그런데 이러한 행위는 그들에 의해 단순히 소비로 끝나지만은 않는다.

현재 일본의 하위문화 시스템에서 발견할 수 있는 대상과 팬 사이의 상호작용(대상에 대한 실감과 반응)은 현실 정치와 시민 사이에는 부재한 것이다. 때문에 그들은 상호작용, 즉 키우는 프로세스를 정치의 영역에 적용하는 것이야말로 사회를 바꾸는 계기가 될 수 있지 않겠느냐고 제안하는 것이다.

기성세대를 공략하기보다는 두근두근하도록 만들기

한국에서도 몇몇 책이 번역돼 어느 정도 알려져 있는 오구마

에이지小熊英二가 2012년 《사회를 바꾸려면社会を変えるには》[3]이라는 책을 펴냈다. 오구마는 3.11 이후 일어난 탈원전 시위에서 얻은 경험을 바탕으로 '사회를 바꾸려면 어떻게 하면 좋을까'에 대해 전후 일본의 사회운동을 되짚어 가면서 논의를 펼친다. 이 책의 키워드를 한마디로 말하라면 '우리-의식'의 중요성이다. 이 책은 '잃어버린 20년'이라고 불리는 일본의 우울한 현실 앞에서 '사회, 정치는 변하지 않는다'고 지레 단념하고 있었던 사람들에게 '사회를 바꾸고 싶다'라는 생각을 싹틔웠다고 평가받기도 한다. 나 역시 그런 기대로 이 책을 사서 읽었는데, 다 읽고 난 후 뭔가 부족하다고 느꼈다. 이 책에서 나는 '사회를 바꾸기 위해서는 이렇게 하지 않으면 안 된다'라는 강한 주문을 감지하였고, 오구마가 제시하는 방법론이 새롭게 느껴지지 않았다.

이 답답함을 풀어 준 것은, 오타쿠 문화를 통해 사회를 바꾸려는 청년 지식인들의 실천이었다. 그들은 그동안 부정적인 이미지로만 파악되어 왔던 소비자, 상품, 시장을 역으로 사회를 바꾸는 수단으로서 파악하고 있었다. 지금까지 사회를 바꾸는 것은 즐거운 게 아니라 뭔가 고통스럽고 심각한 것이었다. 그리고 그것은 항상 자기 욕망을 억제하는 것과 연결되어 있었다. 하지만 이들은 즐거움과 쾌락, 축제에서 공공성, 민의, 민주주의를 발견

3 같은 제목으로 2014년 한국에도 번역 출간되었다.

하고 있다.

　'청년들은 이렇게 해야만 한다'는 내용이 대부분인 기성세대의 와카모노론에 질려 있던 청년들이 급기야 당사자로서 자기 목소리를 내기 시작했다는 것은 이 책의 일관된 관점이었다. 그런데 청년들의 목소리는 한편으론 와카모노론이라는 틀을 넘어서, 3.11 이후 기존 사회의 존재 방식의 한계를 깨닫고 새로운 사회를 모색하는 데까지 나아가고 있다. 이들의 기본적인 태도는 초식남이라는 언어로도 대표되듯이 싸우기를 싫어하고, 동료들과의 연대를 확보해 나가면서 즐겁게 살아가는 것이다. 지금의 일본 사회가 기성세대에게 유리한 구조라면, 이들은 여기에 대해서 '청년들의 고용을 늘려라!'라는 식으로 분노를 발산하기보다는 기성세대를 놀라게 하고 흥분시킬 수 있는 자신들만의 삶의 방식과 아이디어를 대화의 장으로 가지고 나오려 한다. 이를 통해 기성세대로부터 경제적 자원을 투자하게 만들자는 발상도 내놓고 있다. 이렇게 청년 지식인들의 아이디어와 실천은 세대 간의 대화로 이어지고 있다.

9장

망각에 저항하라

후쿠시마 제1원전 관광지화 계획

무감각과 망각에 잠식된 일본열도

3.11 이후 일본의 탈원전 무드는 2012년 민주당으로부터 자민당이 정권을 재탈환한 후 빠르게 소멸해 가고 있다. 자민당 즉 아베 정권은 '아베노믹스'라는 이름하에 겉으로 보이는 경기 회복에 힘을 쏟았고 그 결과 많은 국민들의 지지를 얻게 되었다(물론 총선거에서 투표율이 50%대에 머물렀지만). 그 후 원전 사고 같은 것은 처음부터 없었던 것처럼 올림픽 개최지 선정에만 공을 들였고 2020년 올림픽 개최지로 도쿄가 결정됐다. 일본 사회의

6

분위기는 한층 더 경기 회복에 대한 기대로 고조되어 가고 있다.

그런데 지난 2014년 2월 도쿄도지사 선거에서 뜻하지 않게 탈원전의 기운이 다시 모습을 드러냈다. 도쿄올림픽 유치의 최대 공헌자였던 이노세 나오키猪瀬直樹 도쿄도지사의 정치자금 문제로 치러지게 된 도쿄도지사 보궐 선거에서 참의원 선거[1] 때도 제대로 이슈화되지 못한 탈원전이 다시금 이슈가 된 것이다. 그것은 고이즈미 준이치로小泉純一郎 전 수상의 등장 때문이었다. 도지사 후보로 나선 호소카와 모리히로細川護熙 전 수상의 지지자인 고이즈미 전 수상은, "원전이 일본을 풍요롭게 할 것인가, 탈원전이 일본을 풍요롭게 할 것인가"를 국민에게 물으며 탈원전을 이슈화하기 시작했다.

선거 전 고이즈미 전 수상은 원전 추진국 중 하나인 핀란드를 시찰하고, 핵폐기물 최종 처분소인 온칼로[2]를 견학했다고 한다. 거기서 그는 핵폐기물의 처리 기간이 10만 년이라는 것을 알고 대단히 놀랐다고 한다. 일본에는 이런 최종 처분소를 만들 수 있는 장소조차 없다는 것에 눈을 뜬 후, 원전 추진국의 사례를 조사하는 것이 목적이었던 그의 시찰은 탈원전으로 정치 노선을

---

1 일본 의회는 양원제로, 참의원(參議院)과 중의원(衆議院)으로 구성되어 있다. 의석수 242석(지역구 146, 전국구 96)의 참의원의 임기는 6년이며 3년마다 절반을 다시 뽑는다. 중의원은 의석수 480석(소선거구 300명, 비례대표 180명)으로 임기는 4년이지만 해산이 가능하기 때문에 이보다 짧아질 수 있다.

2 Onkalo. 단단한 기반암 지대에 지하 500m를 뚫어 만들고 있는 핀란드의 핵폐기물 보관소.

바꾸는 계기가 되어 버렸다. 그는 자신의 본거지인 자민당에 탈원전 정책을 추진하도록 이러저러한 방법으로 메시지를 보냈다. 그러나 아베 수상이 이끄는 자민당은 원전 추진 쪽으로 나아갔고, 고이즈미 전 수상은 도쿄도지사 선거를 활용해 자신의 의지를 관철시키기로 마음을 먹었다.

수상의 임기가 1년도 채 안 되는 것으로 유명한 일본의 정치계에서 전후 최장 임기를 자랑하는 고이즈미 전 수상은 이렇게 해서 다시 공적인 장에 모습을 드러냈다. 하나의 이슈에 올인해 '고이즈미 극장'이라고도 불리는 그의 전략은 여전했다. 그는 원전/탈원전 중 하나를 선택하라고 도쿄도민들을 몰아세웠다. 하지만 원전/탈원전이라는 이슈 하나만을 내세운 도지사 선거에 고개를 가로젓는 유권자들이 다수였고, 공산당과 사민당이 지원하는 우츠노미야 겐지宇都宮健兒 후보와의 단일화도 이루어지지 않았다. 호소카와, 고이즈미의 이인삼각은 생각보다 흥행하지 못했고, 결국 자민당이 지원한 마스조에 요이치舛添要一가 당선되는 것으로 도쿄도지사 선거는 끝났다.

지금도 후쿠시마 원전 사고 현장에서는 변함없이 방사능이 흘러나오고, 오염수 누출 사고가 끊이지 않고 있다. 그런데도 올림픽을 유치할 때 아베 수상은 "후쿠시마 원전의 오염수는 통제되고 있다under control"고 말했다. 후쿠시마 원전의 현상에 대해 아베 수상과 자민당 정권이 갖고 있는 이 같은 관점은 일본 국민들에게도 영향을 미치고 있다. 이미 우리들 사이에서는 현재 진행 중인 원전 사고에 대한 망각과 무감각이 퍼져 가고 있다. 원전 사고에 관한 뉴스를 보고도 놀라지 않는 사람들이 많아졌다는 것을 느낄 수 있다. 후쿠시마 원전 사고와 오염 처리 상황에 대해 우려하는 목소리가 밖으로부터 간간이 들려오지만, 일본에 살고 있는 우리들의 감각은 마비되어 있다. 도대체 일본은 어디로 가려고 하는 것일까? 탈원전 무드는 이미 끝나 버린 것일까?

후쿠시마를 희망의 단어로 만드는 '후쿠시마 제1원전 관광지화 계획'

이러한 큰 흐름과 달리, 한편에서는 젊은 지식인들이 중심이 된 새로운 움직임이 일어나고 있다. 아즈마 히로키가 중심이 되어 진행하고 있는 '후쿠시마 제1원전 관광지화 계획'이 그것이다. 2012년 와세다대학 축제에서 그 아이디어를 접한 후 한동안 잊고 있었는데, 이 계획이 꽤 진행되었고 미디어에서도 화제가 되고 있다는 것을 알게 되었다.

'후쿠시마 제1원전 관광지화 계획'이란 후쿠시마 제1원전의 사고 터를 관광지화하는 계획이다. 2011년 3월에 일어난 후쿠시마 제1원전 사고의 기억이 풍화되지 않도록 피해지 후쿠시마에 어떤 시설을 만들고 무엇을 전시하고 그리고 무엇을 전해야 하는지, 그것을 지금부터 검토하고 비전을 가지고 피해 지역을 재

2013년 출간된 《체르노빌 다크 투어리즘 가이드》(왼쪽)와 《후쿠시마 제1원전 관광지화 계획》.

건하려는 프로젝트이다. 2012년 가을, 출판사 '겐론'의 대표를 맡고 있는 아즈마 히로키의 요청하에 취지에 공감하는 사회학자, 관광학자, 저널리스트, 건축가, 미술가, 기업가 등이 모여 영역을 횡단하는 팀을 결성한 후, 민·관·학 등 다방면의 전문가와 피해지 주민들과 연대해 가면서 만든 마스터플랜을 서적이나 전람회 등의 형태로 발표했다. 2013년 7월과 11월에 각각 출간된 《체르노빌 다크 투어리즘 가이드チェルノブイリ・ダークツーリズム・ガイド》와 《후쿠시마 제1원전 관광지화 계획福島第一原発観光地化計画》은 이 프로젝트의 성과를 묶은 것이다.

이 두 책을 묶어 주는 키워드가 바로 '다크 투어리즘dark tourism' 이다. '어두운 관광'이라고 직역할 수 있는 다크 투어리즘은 히로시마나 아우슈비츠와 같은 역사적인 비극의 장소로 가는 새로운 여행 스타일을 의미한다. 관광학 분야에서도 다크 투어리즘이 서서히 주목받기 시작했고, 체르노빌은 바로 이 다크 투어리즘의 새로운 방문지 중 하나이다. 이 점에 착안한 아즈마는 25년 전에 원전 사고를 일으킨 체르노빌의 경험을 배운다는 생각으로 이번 프로젝트를 시작했다고 한다.

이 프로젝트를 구상하고 제안했을 때 "관광지화라니! 불손하다", "피해자를 구경거리로 만들 참인가", "아직 방사능의 문제도 해결되지 않았는데"라는 비난의 목소리가 쇄도했다고 한다. 그런데 제안 뒤 1년, 서서히 지지층이 생겨났다. 청년 세대를 비롯해서, 후쿠시마에 사는 사람들, 도쿄전력, 일부의 정치인이나 관료에 이르기까지 지지층이 조금씩 늘어 가고 있다. 이러한 반전이 가능했던 것은 그들이 제안하는 '후쿠시마 제1원전 관광지화 계획'이라는 타이틀로부터 연상되는 오해 이상으로 이 프로젝트에 매력이 있고, 또 '후쿠시마가 희망의 단어가 되다'라는 캐치프레이즈에 담겨 있는 청년 지식인들의 절실한 생각이 전해졌기 때문이다. 그러면 '후쿠시마 제1원전 관광지화 계획'의 개요를 잠깐 살펴보자.

1단계: 관광지화는 이미 시작되었다 2013

1. 피해지에서는 자주적인 투어가 시작되었다.

2. 관광지화를 위해 체르노빌의 선례를 배워야 한다.

3. 가이드를 제도화하고, 먹거리 안전을 확보해야 한다.

4. 디지털미디어를 활용하고, 기억을 계승해야 한다.

→ 피해의 현실이 관광지화를 통해 대중에게 공개된다.

2단계: 도쿄가 후쿠시마에의 기점이 된다 2013-2020

1. 2020년에는 도쿄에 올림픽이 열린다.

2. 관광객에게 원전 사고의 실태를 널리 알려야 한다.

3. 도쿄 시나가와品川에 피해 박물관을 만들어야 한다.

4. J빌리지[3] 터에 부흥 박람회를 열고, 재해 교육을 강화해야 한다.

→ 아시아, 도쿄, 후쿠시마가 일직선으로 연결된다.

3단계: 후쿠시마 게이트 빌리지가 생겨난다 2020-2036

1. 2036년에는 J빌리지 주변의 방사선량은 충분히 내려간다.

2. J빌리지 터를 재개발하고, 비지터 센터를 만든다.

3. 관광객은 비지터 센터로부터 버스로 폐로작업을 견학하러 간다.

4. 비지터 센터는 지역 경제와 도후쿠東北 관광의 핵이 된다.

→ 후쿠시마가 희망의 단어가 된다.

– 아즈마 히로키 외,《후쿠시마 제1원전 관광지화 계획》

---

3 J빌리지란, 후쿠시마현 후타바(双葉)군 나라하마치(楢葉町)에 있는 축구 내셔널 트레이
닝센터인데, 3.11 이후 후쿠시마 제1원전 사고 대책의 거점으로 기능하고 있다. 현 시점
에서는 복구의 전망이 서 있지 않으며, 본 프로젝트에서는 이 시설을 비지터 센터(visitor
center)로 이용하려고 생각하고 있다.

'후쿠시마 제1원전 관광지화 계획'은 현재 2단계에 접어들었다. 2단계에서 3단계에 이르는 내용은 현실성에 대한 의구심을 지우기 힘들지만, 이 프로젝트가 청년 세대를 중심으로 시동이 걸린 것 자체가 일본 사회에 새로운 가능성을 보여 준다.

또한 이 프로젝트에 참가하고 있는 다양한 분야의 학자, 저널리스트, 아티스트들은 '원전 추진인가, 탈원전인가'라는 이분법으로만 현상을 포착해 온 미디어의 관점을 재고한다. 즉 이들은 '우리들은 왜 지금까지 원자력을 갈망해 왔던가', '어떤 경위로 사고에 이른 것일까', '애초부터 왜 후쿠시마에 원전이 있었던가'라는, 말하자면 일본의 근대화 과정을 성찰해야 할 필요성을 제기하고, 후쿠시마에 살고 있는 사람들의 입장으로 원전 문제를 파악하려고 한다.

실제, 원전 사고 후 '후쿠시마'라는 단어만으로 거부 반응을 보이거나 불안해하는 사람들, 후쿠시마 사람들을 측은해하는 동시에 후쿠시마로부터 도망쳐 나온 피난민들을 차별하는 사람들, 그리고 방사능 검사 결과 안전하다고 해도 후쿠시마산 야채나 농산물은 사고 싶은 마음이 나지 않는 우리들로부터 '후쿠시마의 실정'에 대한 무지와 더불어 '이미지만으로 쉽게 판단해 버리는' 현실을 엿볼 수 있다.

이러한 현실로부터 아즈마가 제안한 후쿠시마 관광지화의 의미를 살펴볼 필요가 있다. 도대체 왜 관광지화인 것인가? 관광지화가 가져다주는 것은 무엇인가? 이런 질문들과 더불어 '후쿠시마 제1원전 관광지화 계획'과 관련해 아즈마 히로키 등이 발언한 인상 깊은 내용을 정리해 보고자 한다.

사고 정지, 망각으로부터 욕망으로서의 관광지화로

관광지화의 목적은 후쿠시마의 '풍화/망각에 저항하기', 그리고 '이해를 얻고 오해를 해소하기'이다(《후쿠시마 제1원전 관광지화 계획》). 여기에 대해서는 누구나 고개를 끄덕일 것이다. 그런데 그 방법이 왜 관광지화인가 하는 점에 관해서는 의문을 품는 사람들이 적지 않다.

아즈마는 '후쿠시마 제1원전을 어떻게 하면 역사에 남길까', '어떻게 하면 미래에 계승해 갈 것인가'에 관해 관광이 하나의 키워드가 될 수 있지 않을까 하고 생각해 보았다고 한다. 바로 이 생각을 후쿠시마 사람들에게 제시했을 때 '불손하다'라는 반응이 먼저 나왔지만, 점점 호의적으로 받아들여졌다고 한다. 후쿠시마 관광지화 계획에 참여하는 멤버 중 한 사람인 츠다 다이스케는 미나미소마南相馬시에서 몇 차례 행한 워크숍을 통해 피해지가 재건, 부흥으로 나아가기 위한 과정/절차를 하나의 관광자원으로 제안한다. 이른바, 과제 해결형 관광이다. 관광객들은 원전 폐로와 마을 재건의 과정을 함께하는 것이다. 여기에 가이누마 히로시는 지진 이전부터 후쿠시마에 자생적으로 있어 왔던 농촌 숙박형 관광을 단체 투어와 결합해 발전시키자고 제안한다. 그리고 후지무라 류지藤村龍至는 인구과소 사회라는 측면을 가미해 지역 행정을 끌어들이는 시스템을 제안했고, 이런 제안들이 지역 주민들에게 호의적으로 받아들여졌다. 이러한 경험을 기반으로 아즈마는 다음과 같이 말한다.

> 피해지의 문제이든 사람들을 도와주려고 하든지 간에 단지 도와주지 않으면 안 된다는 의무감만으로 사람들은 좀처럼 움직이지 않는다. 거기에 가면 즐거울까, 재미있는 것이 있을까 하는 기대가 있어야 비로소 사람들은 움직이기 시작한다. 그러한 경박한 욕망을 활용해서 뭔가 가능하지 않을까, 사회를 보다 좋게 하기 위해서 관광을 이용할 수 있지 않을까라고 생각해 보았다. 관광이란 그러한 욕망을 원동력으로 해서 세계 곳곳의 사람들을 대량으로 동원하고 연결시킨다. 세계 어디를 가도 모두 같은 옷을 입고 같은 행동을 하는 사람들을 만난다. 정치나 종교로는 분단되어 있지만, 욕망을 중심으로 보면 세계는 예전보다 더 평편해져 가고 있는 것을 실감할 수 있다.
>
> — 아즈마 히로키,《genron etc.》, #5, 2012년 5월

이뿐만이 아니다. 후쿠시마 제1원전 터를 관광지화한다는 것

은 원전에 대해 일반 시민에게 물어보는 것이며, 이것은 정보의 공개를 의미한다. 관광지는 특권을 가진 사람만이 아니라 누구라도 방문할 수 있는 공간이기 때문이다. 그러면 지금까지와는 다른 관점을 가진 사람들이 피해지에 드나들게 될 것이고, 그렇게 해서 새롭고 다양한 아이디어가 생겨날 수 있는 토대가 마련된다. 지금까지는 방사능 전문가나 기술자, 방사능 의학자 등 일부 전문가만이 방문할 수 있었고, 때문에 보도도 일방적인 측면에서 이루어졌다. 예컨대, 지금까지 체르노빌은 방사능과 후유증에만 초점이 맞추어졌고, 단편적으로 포착한 이미지들 즉 '죽음의 마을'로만 표상되어 왔다. 아즈마 등은 《체르노빌 다크 투어리즘 가이드》를 통해 이런 표상을 뒤엎는다. 이러한 전복이 가능했던 것은 아즈마를 비롯한 젊은 지식인들이 방사능과는 그다지 관계가 없는 인문학을 하는 사람들이었기 때문이다. 이들이 체르노빌을 방문해 그곳에 사는 주민들을 인터뷰하면서, 원전 사고 터가 가진 다양한 가능성, 관점이 열린 것이다. 후쿠시마의 원전 사고에 관해서도 여러 가지 견해와 관점이 존재할 것이고, 많은 사람들이 직접 가서 보고 듣고 느낀다면 정말 다양한 입장이 발신 가능할 것이다. 관광지화는 바로 이것을 노리고 있는 것이다.

원전 추진과 탈원전 '사이'에 있는 무수한 것

"후쿠시마에 관해 지속적으로 생각하지 않고 탈원전은 있을 수 없다."

다하라 소이치로田原総一郎와의 토크쇼에서 아즈마가 한 이 말에 나는 강렬한 인상을 받았다.[4] '후쿠시마 제1원전 관광지화 계획'의 멤버들은 원전 추진인가, 탈원전인가에 대한 자신들의 입장을 공식적으로 표명하고 있지 않다. (다른 자리에서 아즈마는 탈원전이 궁극적인 방향이라고 말했다. 현실적으로 이제 일본은 더 이상 원전을 지을 수 없기 때문에 30~40년 후에는 당연히 탈원전이 된다고 의견을 제시했다.) 오히려 그들은 그러한 안이한 이항대립에 의해 생겨나는 사고 정지를 문제시한다. 아즈마 등은 탈원전 데모를 주도하는 탈원전 추진파에게도 이의를 제기한다. "'원자로를 보고 싶지 않다'라는 탈원전에는 반대한다. 그것은 단순히 잊어버리는 것일 뿐이다. 대안을 생각하는 것 없이 탈원전은 있을 수 없고, 지금 무엇보다도 필요한 것은 '원전 사고에 관해서 아는 것 = 사람들을 현장에 데리고 가는 것'"이라고 말한다. 말하자면, 원전 추진/탈원전을 말하기 이전에 그 이항대립 사이에 존재하는 무수한 회색지대에 관해서 먼저 알 필요가 있다는 지적이다.

---

4 '원전 문제와 도쿄도지사 선거(原発問題と東京都知事選)', 라디오 프로그램 〈어른을 위한 대학(大人カレッジ)〉의 코너 오프레코(オフレコ), 2014년 1월 17일.

이처럼 '후쿠시마 제1원전 관광지화'의 첫 번째 목적이 '풍화/망각에 대한 저항'이라면, 그 다음으로 그들은 '괴물화의 문제'를 지적한다. '괴물화'란, 미디어가 원전 사고를 둘러싼 후쿠시마의 현상들 중 일부만을 뽑아내서 '원자력은 무서워!'라고 보도하고 사람들이 그것을 아무 생각 없이 그대로 받아들이는 것이다. 후쿠시마를 '죽음의 마을'로 규정하고 후쿠시마를 부정하고 사고를 정지한 상태에서 망각해 버리는 것은 후쿠시마 사람들의 존재를 무시하는 것으로 이어지고 차별과 편견을 낳고 일본 사회에 분단을 가져올 뿐이라는 것이다. 아즈마는 탈원전이 후쿠시마에 대한 망각의 면죄부로 이용되는 것을 우려한다(앞의 토크쇼). 그것은 세계가 일본을 '방사능 오염투성이의 나라', '일본인 모두가 오염되었다'고 규정하는 것과 같은 행위로 이어진다. 우리들이 하지 않으면 안 되는 것은, '후쿠시마에 관심을 가지고 알아가는 것' 바로 그것이다. 다시 앞에서 던진 질문으로 돌아가면, '왜 우리들은 이제까지 원자로를 갈망해 왔던가', '어떤 역사적 배경이 있어 그러한 사고로 이어졌는가'를 알고, 그리고 지금도 그곳에 살고 있는 사람들의 존재에 눈을 돌리고, 함께 해결해 가려는 자세를 가지는 것이다. 그런 점에서 후쿠시마보다 25년 앞서 원전 사고가 일어난 체르노빌의 현재로부터 배우는 것이 무엇보다 중요하다.

체르노빌에는 사람이 살고 있다 - 《체르노빌 다크 투어리즘 가이드》

《체르노빌 다크 투어리즘 가이드》는, 지금까지 죽음의 마을이라고 이야기되어 온 체르노빌, 살고 있는 사람들의 목소리가 부재했던 체르노빌의 이미지와는 다른 이미지를 우리들에게 새롭게 보여 준다. 아즈마와 '후쿠시마 제1원전 관광지화 계획'의 멤버들은 몇 차례에 걸친 연구회와 워크숍을 거친 후 체르노빌을 직접 가서 취재하기로 마음먹는다. CAMPFIRE라는 사이트camp-fire.jp를 통해 시민들로부터 취재 지원금을 모았는데, 애초 목표였던 100만 엔을 훨씬 상회하는 600만 엔의 지원금이 들어왔다고 한다. 이 프로젝트에 대한 시민들의 관심을 알 수 있는 대목이다. 츠다 다이스케는 이 책에 실린 논고, 〈체르노빌에서 생각한다 - 보도, 기억, 재해잔해구조물チェルノブイリで考える-報道, 記憶, 災害残骸構造物〉에서 "오염지 체르노빌은 사고로부터 27년이 경과되었지만, 보다 더 많은 상처를 남기고 있다. 체르노빌의 지금 모습을 아는 것은 25년 후의 후쿠시마를 상상하는 데 있어서 피해 갈 수 없는 길"이라고 말한다. 덧붙여 우리들이 "미디어를 통해서 알고 있었던 '체르노빌의 지금 모습'은, 체르노빌의 어떤 한 면을 뚝 잘라낸 것에 불과하다는 사실을 인식하지 않으면 안 된다"고 지적한다.

사실, 체르노빌 문제는 일본에서도 지속적으로 보도되어 왔지만, '방사능에 의한 건강 피해', '식품 오염 문제', '탈원전 움직임'이라는 세 가지 테마로 좁혀져 있었다. 그런 까닭으로, "원전을 중심으로 반경 30킬로미터 권내에서는 지난 27년간 도대체 무슨 일이 벌어졌는지"에 관해서 전혀 알려져 있지 않았다. 츠다는 이번 체르노빌 원전 취재에서, 체르노빌 원전이 여전히 '현역'의 전력 관련 시설이라는 점이 가장 놀라웠다고 말한다.

체르노빌 원전은 2000년에 발전을 중지했지만 여전히 폐로 작업을 계속하고 있으며, 우크라이나 서측의 원전을 동측이나 키예프Kiev에 보내는 송전기지를 가지고 있기 때문에 전력의 허브 시설로서 중요한 역할을 담당하고 있다는 것이다. 현재에도 매일 2,800명의 노동자들이 버스로 출퇴근하고 있으며, 사고 처리와 함께 송전 업무에 종사하고 있다고 한다. 그 외에도 츠다는 2000년 이후로, 1986년의 사고 관계자, 당사자였던 사람들이 30킬로미터 권내에 출입하게 되고, 권내에 관한 넓은 지식과 풍부한 경험을 살려 국내외의 저널리스트나 학자를 권내로 안내하는 역할을 하고 있다는 것, 그리고 2011년 이후 우크라이나 정부가 출입금지구역을 해제하고, 외부로부터의 견학 투어를 허가한 것에 관해서 언급하고 있다. 물론, 방문객의 안전 확보는 무엇보다 중요하고, 그것을 위해 특별한 견학 코스를 설치하고, 방사선의 상태를 항상 컨트롤하도록 힘쓰고 있다고 한다. 출입금지구역을 해제한 이유에 관해서 출입금지구역청의 부관장은 "외부 사람들에게 권내를 보여 줌으로써 방사능의 위험성에 대해 올바

른 인식을 가질 수 있도록 하기 위한 것"이라고 말하고 있다.[5]

그런데 '체르노빌 원전의 완전 봉쇄'라는 보도 이후 권내에서 무슨 일이 벌어지고 있는지 일본의 일반 시민들은 알 턱이 없다. 그런 점에서 이들이 체르노빌에서 행한 취재는 지금 현재 그곳에서 일하고 생활하고 있는 사람들의 존재를 부각시켰다.

특히 내게는 츠다의 논고에서 언급되어 있는, 현지에서 만난 투어 안내인의 이야기가 인상적이었다. 안내인 미루누이는 투어객을 열심히 계몽시키려는 사람인데, 그는 그 이유를 다음과 같이 말한다. "방사선 사고가 가져다주는 제일 큰 피해는, 방사능에 의한 식품 오염이나 건강 피해가 아니라, 옳지 않은 지식에 기초한 방사능에 대한 과잉된 두려움, 그것에 기반한 풍문 피해다." 방사능에 의한 건강 피해보다도 풍문 피해에 의한 사회, 경제적 손실이 더 큰 문제라는 말은, 건강 피해를 대단히 중요시하는 사람들에게는 받아들이기 힘든 이야기일지도 모른다. 그런데 미루누이 씨의 관점은 원전 사고 지역에서 지금 살고 있고, 앞으로도 거기서 살아갈 수밖에 없는 당사자들이 절실히 느끼고 있는 사정이기에 우리는 기억하지 않으면 안 될 것이다. 츠다는

---

5 체르노빌 투어의 맹아는 1990년대 말부터 2000년대 초에 생겨났다고 한다. 처음엔 사고의 당사자나 관계자가 우크라이나의 출입금지청에 허가를 받고 저널리스트나 학자 등의 전문가를 데리고 일시적으로 들어가는 것이었지만 그 후 출입 가능한 범위와 규모를 확대하고 2006년경부터 NGO나 NPO가 주최하는 형태로 사실상의 투어가 생겨났다(《체르노빌 다크 투어리즘 가이드》).

이러한 당사자들의 이야기로부터 "일본에서도 필요 이상으로 미디어가 방사능의 공포를 조장함으로써 후쿠시마에 살고 있는 사람들을 차별하고 있으며, 그들에게 경제적 손실이 발생하고 있는 것 또한 틀림없는 사실이다. 그 점에서는 후쿠시마도 체르노빌과 전혀 다르지 않다"고 지적한다.

여기서 중요한 것은 당사자의 목소리가 부재한 채로 미디어가 어떤 한 면만을 떼내어 보도하고, 그것을 우리들은 그대로 받아들이고 있다는 현실이다. 아즈마는 한 토크쇼[6]에서 일본의 텔레비전이 체르노빌 사고 이후 '죽음의 마을'이라는 이미지와 함께 '병에 걸린 아이들'만을 보도하는 것에 우크라이나 사람들이 분노했다는 이야기를 전해 주었다. 아즈마는 보도채널이 어떠한 보도를 할 것인가는 자유이지만, 맘대로 상대에게 이미지를 붙이는 형식으로 보도하는 것은 문제가 있으며, 그것에 대해 위화감을 가지고 있는 사람들의 목소리도 미디어가 다루지 않으면 안 된다고 덧붙였다. 당사자들이 어떻게 생각하고 있는가라는 관점으로 원전 문제와 씨름하는 것, 이것이 지금 가장 필요한 것일 테다.

츠다는 체르노빌 취재를 마무리하는 논고에서 다음과 같이 말

---

6 〈'체르노빌 다크 투어리즘 가이드'를 말한다(「チェルノブイリ・ダークツーリズム・ガイド」を語る)〉, 정책가 이시카와 카즈오(石川和男)가 주재하는 니코니코 동화의 가스미가세키정책총연채널(霞が関政策総研チャンネル), 2013년 9월 11일 방송.

한다. "원전 사고에 관한 입장은 다종다양하다. 그런데 이번 체르노빌 취재에서 우크라이나 사람들이 공통적으로 이야기하는 것 중 하나는 '일본을 위해, 후쿠시마를 위해서 체르노빌의 경험을 잘 살려 주길 바란다'는 것이었다. 또 다른 하나는 '탈원전이라는 게 간단한 게 아니'라는 점이었다."

체르노빌 원전은 2000년에 모든 원자로의 가동을 정지했다. 일본에서 보면 단순히 환영할 만한 것처럼 보이지만, 작업 인부들의 마을인 스라브디치는 심각한 타격을 받았다고 한다. 가동 정지는 대량의 실업을 의미하기 때문이다. 그들은 지금도 원전 사고를 첫 번째 비극, 가동 정지를 두 번째 비극이라고 부른다. 가이누마는 여행사 'Tour 2 Kiew'의 사장 안드레이 자첸코 씨를 인터뷰했는데, 끝으로 "원전의 필요성에 관해서 어떻게 생각합니까" 하고 물었다. 자첸코 씨가 일순간 대답을 주저하는 것처럼 보였기 때문에 가이누마는 재차 "인터뷰를 받는 다른 사람들도 모두 원전의 옳고 그름이나 방사선이 안전한지 않은지에 관해서 물으면 약간 침묵하곤 했는데, 그것은 이 물음이 많은 사람들에게 민감한 것이기 때문일까요?"라고 다시 물어보았다. 그러자 자첸코 씨가 대답했다. "아니 그런 게 아니라, 그런 문제는 보통 많은 사람들이 생각하고 있지 않아요. 그래서 제 생각을 정리하고 있던 거였어요. '당신은 아침에 일어날 때 오른쪽 다리를 움직입니까, 왼쪽 다리를 움직입니까'라는 질문을 받았을 때와 같은 것이겠지요"라고 답했다고 한다.

현재도 원전에서 일하는 사람들의 일상은 변하지 않고 계속 이어진다. 그들은 자신들의 일을 자랑스럽게 생각하면서 나날을 보내고 있다. 우크라이나는 전력의 반을 원전에 의존하고 있고, 적어도 지금부터 20년은 그 비율을 유지하지 않으면 안 된다고 한다. 그렇기 때문에 주민과 정부 사이에 신뢰 관계를 구축하기 위해서 정보 공개는 불가결한 것이다.

탈원전 구호가 놓치고 있는 것들 - 《'후쿠시마'론》

체르노빌 사람들의 일상이 원전 없이는 성립할 수 없는 것과 같이, 후쿠시마 사람들에게도 원전은 일상을 유지하는 데 꼭 필요한 존재이다. 그 점에 있어서,《후쿠시마 제1원전 관광지화 계획》이전에 간행된 (이 프로젝트의 멤버이기도 한) 가이누마 히로시의《'후쿠시마'론 - 원자력촌은 어떻게 생겨났는가》(2011)는 '중앙과 지방', '전후 일본의 성장'과의 관련으로부터 '외부 사람들의 후쿠시마에 대한 시선'에 대해 비판적으로 고찰하고 있는데, 이 책은 원전 사고가 일어나기 전에 쓰여진 것이다. 가이누마가 후쿠시마 현지에 들어가 취재하며 들은 이야기 중 몇 가지를 소개해 본다.

"위험하다고 말하지만, 길을 걷다가 교통사고를 만나는 쪽이 더 위험하지요. 걱정해도 소용없지요."

"2006년 츄에츠오키 지진中越沖地震으로 니가타新潟의 원전이 멈춰 섰을 때 모두들 일자리를 찾아서 후쿠시마에 왔고 이쪽 사람들도 일자리가 없어져서 모두 곤란했거든. 하루빨리 가동하지 않으면 곤란했지."

"원전에서 일할 수 있는 게 제일이지. 지역의 고등학교에서 제일 우수한 아이들이 도쿄전력이라든가 그 위의 회사에 취직할 수 있었으니까."

— 가이누마 히로시,《'후쿠시마'론》

지역 주민들의 이야기로부터, 원전의 존재가 그들의 생활에 없어서는 안 될 뿐만 아니라 도쿄전력에 취직하는 것이 인생의 성공으로 여겨지고 있는 것을 알 수 있다. 후쿠시마 외부에 있는 사람들은 상상도 할 수 없는 이야기라고 할 수 있다. 특히 원전 사고가 난 후에는.

저자 가이누마는 후쿠시마현 이와키いわき시에서 태어나고 자랐으며 2006년부터 후쿠시마 원전 문제를 연구해 왔다. 후쿠시마 사람들을 오랫동안 취재해 온 그는, 후쿠시마 밖에서 보는 한 결코 다 포착할 수 없는, 원전을 반세기 가까이 포용해 온 '행복

감' 넘치는 후쿠시마 사람들의 존재에 주목한다. 3.11 이전의 후쿠시마는 생각 외로 행복이 가득 찬 곳이었으며, 3.11 이후에도 그들은 그 일상을 지키려고 하고 있다고 말한다. 그렇기 때문에 3.11 이후 도쿄 사람들이 벌이는 탈원전 데모는 그들에게 돌연 뜻밖의 재난(?)으로 받아들여질 수밖에 없다.

"도쿄에서 원전을 멈추려고 탈원전이다 뭐다 말하는 사람들이 있는 것 같지만서두, 대단히 흥미도 없었을 터인데, 이렇게 되어 버린 지금에 와서 뭘."

"도쿄 사람들은 보통 그 무엇에도 관심이 없는데, 뭔가 일이 터지면 바로 '위험하다, 위험해'라고 크게 소동하는 것 같아요. 제일 차분한 사람들이 지역의 우리들이에요. 제발 내버려 두세요."

- 가이누마 히로시, 앞의 책

탈원전 데모에 참가했던 나는 보기 좋게 한방을 얻어맞았다. 확실히 원전 사고 이전에는 원전에 관해서 친구들과 이야기 한번 나눈 적이 없었다. 원전 사고 후에 원전이 무엇인가를 알게 되었고, 탈원전을 외치게 되었다. 그리고, 탈원전 데모는 피해자(?)인 후쿠시마 사람들에게 유익한 것이라고 믿고 있었다. 그런데 후쿠시마 사람들의 말을 들어 보면, 우리들은 한편으로 제멋대로 생각해 버린 것인지도 모른다. 3.11 이전부터 존재해 왔던 후쿠시마 사람들의 일상이 내 머릿속에는 부재했던 것이다. 후쿠시마의 현실을 남의 일로, 후쿠시마 주민을 피해자로서 파악하는 동시에, 자신의 몸에 떨어져 내릴지 모르는 방사능에 대한 불안으로 후쿠시마로부터 멀어지려는 마음, 그것이 도쿄에 살고 있는 사람들의 솔직한 마음일 것이다. 더욱이, 도쿄에 살고 있는 사람들과 간사이關西, 큐슈九州에 살고 있는 사람들 사이에는 원전 사고에 대한 온도 차가 있다. 자신의 거주지에서 멀면 의식이 엹어지고, 가까우면 그 지역으로부터 멀어지려는 심리가 작동한다.

가이누마는 아연실색했던 경험 하나를 들려준다. 후쿠시마의 압도적인 리얼리티라고도 말할 수 있는 그들의 행복감을 이야기하려고 할 때마다, 변화를 믿고 싶은 사람들로부터 '너는 원전을 옹호할 참이냐', '너는 원자력촌의 인간인가'라는 식으로 매도당해 버렸다는 것이다. 외부에 놓인 사람들에게는 탈원전/원전 추진이라는 큰 이야기만이 존재한다. 그런데 놓쳐서는 안 되는 것은 후쿠시마에 살고 있는 사람들의 일상 그 자체이다. 그 일상과 큰 이야기 사이에 존재하는 단절에 눈을 돌리지 않으면 안 된다. 즉, 후쿠시마 사람들을 이해하려는 데 있어서 피해 갈 수 없는 것은, 원전에 의존하는 사회 발전 시스템을 전후 일본 사회가 만들어 냈고 그것을 후쿠시마라는 지역에 강요해 왔다는 현실이다.

　원전의 위험성을 그다지 보도하려고 하지도 않고 '안전', '안심'이라는 '내용에 관해 전혀 신뢰할 수 없는 허식적인 공식 발표'를 그냥 내보내는 매스미디어에 관한 비판은 항상 있고, 그것은 지금도 추궁되어야 할 것이다. 그러나 한편에서 압도적으로 '선의', '선한 사회의 정립'으로 향해 있는 '탈원전의 물결' 역시 무엇을 놓치고 있는지를 지적해야 한다. 원전을 계속 가동할 것을 주장하는 것도 폭력이지만, 단순히 그것을 멈출 것을 외치고, 지역 주민들의 생존 기반을 위협하는 것 역시 또 하나의 폭력이 되기 쉽다. 그리고 그 딜레마 가운데 원자력촌의 현실이 자리하고 있다는 것을 추진 쪽이든 반대쪽이든 간에 지적이고 양심적인 활동가들이 간과하고 있다는 것이야말로 문제이다.

　'원전 사고가 일어났어도 원전을 없앨 수 없는 현실'. 이것이 모든 원자력촌에 살고 있는 사람들의 일상이다. 또한 원전의 역사에는 우크라이나와 러시아의 관계와 마찬가지로, 후쿠시마와 일본이라는 작은 나라/큰 나라, 지방(주변)/도시(중앙)라는 그림자가 크게 뿌리를 내리고 있다는 것, 그리고 이 이항대립의 구조, 희생의 구조가 있기 때문에 일본의 전후 급성장이 가능했다는 것을 우선 인식할 필요가 있다. 원전 사고에 대한 대안은 '그들의 일상'으로부터 도출되지 않으면 안 된다는 것을 가이누마의《'후쿠시마'론》은 가르쳐 주고 있다.

후쿠시마 관광지화 계획의 철학

《후쿠시마 제1원전 관광지화 계획》발간 후 1년이 지난 2014년 12월, 아즈마 히로키는《후쿠시마 제1원전 관광지화 계획의 철학福島第1原発観光地化計画の哲学》이라는 책을 펴냈다. 이 책은 원래 일반 서점에 유통되는 책으로 기획되었지만, 계획이 수정돼 아즈마가 운영하는 겐론의 회보책자로 발간되었다. 저간의 사정을 아즈마는 다음과 같이 이야기한다. "《후쿠시마 제1원전 관광지화 계획》은《체르노빌 다크 투어리즘 가이드》의 절반밖에 판매되지 않았다. 시장에서 거의 반향을 불러일으키지 못한 것이다. 관광이라는 표현이 너무나 도발적인 울림을 준 걸까? 관광지화 계획 발표 이후 그 발상에 공감하는 사람들도 있었지만 그것보다 반발이 더 심했고 지금도 인터넷상에는 비난의 목소리가 올라오고 있다."

그러면 같은 다크 투어리즘을 내세운《체르노빌 다크 투어리즘 가이드》는 어떻게 시장에서 호응을 얻을 수 있었던 것일까. 두 책을 다 읽어 본 입장에서 말하자면, 같은 주제를 다루고 있음에도 불구하고 각각의 책에서 느껴지는 시공간이 전혀 다르다. 즉, 일본 독자의 입장에서 보면 체르노빌은 여전히 먼 나라의 이야기이고, 현재 진행형의 측면이 존재한다곤 해도 어느 정도의 시간이 경과된 과거 이야기이다. 독자들로서는 어느 정도 거리감을 가지고 지금의 체르노빌을 대할 수 있고 한번쯤 체르노빌을 방문해 보고 싶다는 생각을 할 수 있다. 반면 후쿠시마는 자신들의 이야기이고, 사고 수습이 아직도 끝나지 않은 진행 중의 이야기이다. 사람들의 거주가 허용된 지역조차도 방사능 제염 작업이 진행 중에 있으며, 사람이 살 수 있도록 방사능을 제염하는 게 과연 가능한지도 의문시되고 있다. 그래서 원전 정책을 지지하느냐 반대하느냐를 떠나 지금 상황에서 일반 시민들이 할 수 있는 일은, 우선 정부나 원전 전문가들의 사고 수습을 지켜보는 것, 그리고 후쿠시마현의 주민들이나 아이들을 위한 몇 가지 볼런티어 활동을 하는 것 정도로 제한되어 있다. 이런 상황이 《후쿠시마 제1원전 관광지화 계획》에 불편함을 느끼도록 만들었을 것이다.

하지만 원전반대운동이나 볼런티어 활동 외에 시민들이 할 수 있는 일이 잘 보이지 않는 지금이야말로 '후쿠시마 제1원전 관광지화 계획' 같은 독특한 발상을 가진 실천이 필요한 것 아닐까. 후쿠시마 제1원전의 관광지화가 진행되면 평범한 시민들이 여행을 통해 추상적인 구호 수준의 원전 반대보다 훨씬 더 분명하게 자각하는 탈원전의 길이 열릴지도 모른다.

아즈마 히로키 역시 '후쿠시마 관광지화'라는 계획이 아직 시민들 사이에 폭넓게 받아들여지지 않고 있지만, 자신들의 생각이 틀리지 않았다고 확신하고 있다. "'후쿠시마 제1원전 사고'는

수억 엔, 수조 엔이라는 숫자로는 표현할 수 없는, 하나의 '정
신'의 문제이다. '후쿠시마 철학'이란, 지금을 살아가는 우리들
에게 시대성을 어떻게 읽어야만 하는지를 다시금 묻게 만드는
하나의 지표이다." 그의 이러한 절실한 외침에 수긍하지 않을
수 없다.

관광지화 계획에 참여하고 있는 일곱 명의 청년 지식인들
을 인터뷰한 《후쿠시마 제1원전 관광지화 계획의 철학》에는,
(3.11을 겪은 후) 이 시대, 이 나라에 살고 있는 젊은 지식인들이
무슨 생각을 하고 있는지, 그들이 사회와 어떻게 맞서려고 하는
지에 관한 이야기가 담겨 있다. 이 책을 읽고 난 후 '관광지화'의
필요성과 중요성을 다시금 깨닫게 된 것은 말할 필요도 없지만,
무엇보다 '관광객의 입장' 즉 '제3자의 입장'이 각각의 지역(로
컬)에 어떤 역할을 할 수 있는지에 대한 지적이 인상적이었다.

아즈마는 훌쩍 관심이 가는 대로 자유롭게 사물을 관찰하는
시선을 견지하지 않고서는 후쿠시마를 둘러싼 논의는 전부 다
친구와 적의 분할로 회수되어 버리고 만다고 지적한다. 물론, 관
광에 의한 월경越境에는 한계도 있으며, 그 시선이 때로는 폭력
적으로 바뀌기도 한다. 그렇지만 사람은 경박하고 무책임할 때
에야말로 자신의 한계를 넘어서기도 한다. 희망은 그런 곳에
서 보이는 것이기도 해서, 경박한 통합이야말로 필요한 게 아닐
까 하고 아즈마는 말한다. 이와 관련해서 관광학자이기도 한 이

데 아키라#出明는 아즈마와의 대담에서 대단히 흥미로운 지적을
한다.

2013년 도야마富山현의 이타이이타이병 기념관에서, 4대공해
소송 관련자가 모인 회의가 있었다. 미나마타병 자료관에서 일하
는 사람은 한센병 학습 시설에 가 본 적이 없고, 한센병 학습 시설
의 직원도 미나마타병 자료관에 방문한 적이 없음을 서로 알게 되
었다. 둘 다 과학적 근거에 기반하지 않은 차별이라는 부분에서 공
통점이 있었고 서로 배워야 할 부분도 있었을 텐데 교류가 없었던
것이다. 거기에 여행자가 방문함으로써 문맥이 통하게 되었던 것
이다. 여행자는 이곳과 저곳에 공통점이 있다는 것을 발견하고 지
적했는데 그걸 계기로 지역 사람들이 깨닫게 된 것이다.

다크 투어리즘이라고 하면, 여행자가 방문지에서 뭔가 깨닫는
것이라고 생각하기 쉬운데, 다른 측면도 있다. 예컨대, 오키나와
의 히메유리ひめゆり 학도병 관계자는 긴 세월 동안 자신들의 체험
을 이야기해 왔지만, 그 콘텐츠는 그 땅의 고유한 것으로 이해돼
왔다. 그런데, 군대가 자국의 국민을 구하지 않는 예는, 지금도 시
리아, 티베트에서 볼 수 있으며, 한국에서도 군사독재정권시대에
같은 일이 벌어졌다. 지금은 오키나와 4.3사건의 무대인 제주도
사이의 교류도 이루어지고 있다. 자국의 군대로 인해 비참한 일을

겪은 사람들 사이에서 희생된 이들을 어떻게 위령해 갈 것인지 등
에 관한 정보 교환도 이루어지고 있다. 이 외에도, 2004년 인도양
쓰나미 피해를 입은 반다아체Banda Aceh는 쓰나미 피해지와의 네트
워크를 적극적으로 만들어 나가고 있다. 3.11 이후 이와테岩手 사람
들도 미야기 사람들도 후쿠시마 사람들도 반다아체를 방문하고 있
는데, 그곳에서 지금까지 서로 알지 못했던 일본의 다른 지진 피해
지역 사람들과의 만남도 이루어졌다고 한다.

　　- 이데 아키라, 〈다크 투어리즘이 피해 지역을 잇는다ダークツーリズム
　　　　が被災地をつなぐ〉,《후쿠시마 제1원전 관광지화 계획의 철학》

덧붙여, 이데는 다크 투어리즘이 가져다준 만남의 효과에 주
목해 볼 필요가 있다고 말한다. 흐슬부슬했던 커뮤니티가 여
행에 의해 발견된 그 땅의 가치로 인해 일원화되어 가는 예는
많다. 아우슈비츠, 히로시마, 나가사키長崎, 그리고 체르노빌 등
여러 지역(로컬)에서 다크 투어리즘은 이미 실천되고 있다. 아즈
마 등이 이야기하는 '후쿠시마의 철학'은 일본의 시민들에게는
시기상조인지도 모른다. 그렇지만, 2020년 도쿄올림픽을 앞두
고 국경을 넘어서 후쿠시마의 현실을 엄정한 시선으로 보고 있
는 외국 사람들과 미디어들은 그 중요성을 누구보다도 인식하고
있다.

오랜 시간이 지나 "그때 우리는 무엇을 했던가"라고 묻는다면

지금까지 아즈마 등의 '후쿠시마 제1원전 관광지화 계획'에 참여하고 있는 젊은 지식인 세대의 생각과 활동을 중심으로, 3.11 이후 언론이 만들어 내는 왜곡된 후쿠시마에 대한 이미지, 우리들이 무의식적으로 범하고 있는 후쿠시마에 대한 폭력, 원전 추진/탈원전이라는 이항대립의 문제점 등을 살펴보았다.

이 글의 서두에서도 언급했지만, '후쿠시마 제1원전 관광지화 계획'이 처음 나왔을 때, 나는 이 프로젝트가 이렇게 커질 거라고, 꽤 근사한 내용으로 채워질 거라고는 생각하지 못했다. 내가 놀란 것은 이 프로젝트에 대한 젊은 지식인들의 열기, 혹은 강한 신념이었다. 아즈마 히로키는 3.11에 대해 "이것은 우리들의 세대가 시험받고 있는 것이다"라고 말하며 다음과 같이 덧붙였다.

체르노빌 사고 때는 소련체제하에서 언론 통제가 심했다. 당시의 30~40대의 사람들이 무엇을 생각했는지, 아티스트가 어떻게 반응했는지 기록이 그다지 남아 있지 않다. 그렇지만 후쿠시마 원전 사고는 물질적, 문화적으로 이 정도 풍부한 나라에서, 자유롭게 발언을 할 수 있는 성숙된 근대국가에서 일어난 사고이다. 그렇다고 한다면 우리들의 후세대가 몇십 년 후 이 시대를 되돌아볼 때, 그때 이러한 재미있는 것을 생각해 냈던 사람들이 있었다고 말할

수 있도록 해야 한다. 역으로 이러한 것을 남기지 않는다면, 우리
들은 무엇을 위해 이 시대를 살았던 것일까, 라는 질문을 받게 될
것이다.

－《genron etc.》, #5, 2012년 10월

청년 세대로서의 책임감이 절절히 전해져 오는 말이다. 아주
오랫동안 기성세대에 의해, 특히 '잃어버린 20년'을 지내 오는
가운데 비판의 대상이 되어 온 청년들이 자신들의 시대를 인식
하고 세대적 책임을 느끼고 있는 것이다.

청년 지식인 세대의 사고의 모험과 실천이 지금 시작되었다.
도쿄올림픽까지 앞으로 5년. '후쿠시마 제1원전 관광지화 계획'
은 근대에 대한 성찰과 함께, 새로운 사회의 방향을 모색하는 시
금석이 될 것이다. 올림픽이라는 근대의 산물을 활용해서 한 국
가의 원전 문제를 지구촌의 문제로, 연대로 연결시키고, 탈근대
적 삶의 실천으로 연결시키려는 이들의 도전에 어떤 식으로든지
동참하고 싶어진다.

교육공동체 벗

교육공동체 벗은 협동조합을 모델로 하는 작은 지식공동체입니다.
협동조합은 공통의 목적을 가진 사람들이 모여서 만든
권력과 자본으로부터 독립된 경제조직입니다.
교육공동체 벗의 모든 사업은 조합원들이 내는 출자금과 조합비로 운영됩니다.
수익을 목적으로 하지 않기에 이윤을 좇기보다
조합원들의 삶과 성장에 필요한 일들과
교육운동에 보탬이 될 수 있는 사업들을 먼저 생각합니다.
정론직필의 교육전문지, 시류에 휩쓸리지 않는 정직한 책들,
함께 배우고 나누며 성장하는 배움 공간 등
우리 교육 현실에 필요한 것들을 우리 힘으로 만들고 함께 나누고 있습니다.

조합원 참여 안내

출자금(1구좌 일반 : 2만 원, 터잡기 : 50만 원)을 낸 후 조합비(월 1만 원 이상)를
약정해 주시면 됩니다. 조합원으로 참여하시면 교육공동체 벗에서 내는 격월간 교
육전문지 《오늘의 교육》과 조합 회지 〈벗마을 이야기〉를 받아 보실 수 있습니다.
출자금은 종잣돈으로 가입할 때 한 번만 내시면 됩니다. 조합을 탈퇴하거나 조합
해산 시 정관에 따라 반환합니다. 터잡기 조합원은 벗의 터전을 함께 다지는 데 의
미와 보람을 두며 권리와 의무에서 일반 조합원과 차이는 없습니다. 아래 홈페이
지나 카페에서 조합 가입 신청서를 내려받아 작성하신 후 메일이나 팩스로 보내
주세요.

홈페이지 communebut.com
카페 cafe.daum.net/communebut
이메일 communebut@hanmail.net
전화 02-332-0712, 070-4084-0712
팩스 0505-115-0712

교육공동체 벗을 만드는 사람들

※ 하가타 순

후쿠시마 미노리, 황호연, 황진원, 황지영, 황정하, 황정일, 황정인, 황정원, 황정욱, 황이경, 황은복, 황윤호성, 황승숙, 황순임, 황봉희, 황미숙, 황기철, 황금희, 황규선, 황귀남, 황고운, 황경희, 홍유지, 홍용덕, 홍순성, 홍세화, 홍성은, 홍성구, 홍석근, 홍미영, 형근혜, 현복실, 허묘인, 허진혁, 허은실, 허수욱, 허성균, 허보영, 합250순, 합영기, 한회정, 한학범, 한지희, 한주, 한정혜, 한은옥, 한영옥, 한영선, 한승희, 한승모, 한소영, 한성찬, 한봉순, 한민혜, 한만중, 한날, 한기련, 한경희, 하혜영, 하정호, 하인호, 하외정, 하승우, 하승수, 하순배, 하재봉, 탁동철, 최희성, 최환근, 최현우, 최현미a, 최현미b, 최탁, 최장기, 최진규, 최주연, 최종순, 최종민, 최정용, 최정은, 최인섭, 최은희, 최은정, 최은아, 최은순, 최은숙a, 최은숙b, 최은미, 최은경, 최윤미, 최원예, 최용기, 최영식, 최영락, 최연희, 최연정, 최애영, 최애리, 최승훈, 최슬빈, 최선영a, 최선영b, 최봉선, 최보람, 최병우, 최발해, 최미영, 최미선, 최미나, 최미경, 최문경, 최문선, 최동혁, 최대원, 최기호, 최광용, 최광략, 최고봉, 최경미, 최경련, 채효정, 채현숙, 채종민, 채욱엽, 차용호, 진현, 진주형, 진유미, 진용용, 진영효, 진영준, 진수영, 진만현, 진낭, 지향수, 지정순, 지은미, 지윤경, 지수연, 주윤아, 주순영, 주수원, 주경희, 조희정a, 조희정b, 조형숙, 조향미, 조해수, 조하늘, 조진희, 조진석, 조지연, 조중혁, 조주현, 조주원, 조희희, 조인재, 조용원, 조은진, 조영현, 조용희, 조영실, 조영선, 조영란, 조여은, 조여경, 조수진, 조성회, 조성진, 조성연, 조성실, 조성대, 조선주, 조석현, 조석영, 조상회, 조미라, 조문경, 조두형, 조경원, 조경애, 조경아, 제남모, 정회성, 정희선, 정홍윤, 정혜령, 정현주a, 정현주b, 정현숙, 정현석, 정현숙b, 정혜레나, 정준수, 정철성, 정진영a, 정진영b, 정진규, 정종민, 정재학, 정인영, 정이든, 정의진, 정은희, 정은주, 정은균, 정유진a, 정유진b, 정유숙, 정유섭, 정원석, 정용주, 정영현, 정영수, 정영미, 정애순, 정애숙, 정수연, 정선희, 정상회, 정부교, 정보라, 정미옥, 정미분, 정미라, 정명옥, 정명재, 정말회, 정득년, 정기진, 정광호, 정광필, 정광보, 정관모, 정경진, 정경원, 전혜원a, 전혜원b, 전정보, 전유미, 전승보, 전보선, 전병기, 전민기, 전미학, 전미옥, 전미영, 장효영, 장흥렬, 장예진, 장혜옥, 장혜경, 장현주, 장주섭, 장종성, 장재화, 장재혁, 장인다, 장은하, 장은미, 장윤영, 장원영, 장영희, 장시준, 장슬기, 장선영, 장소망, 장효윤, 장도현, 장도현, 장근, 임혜정, 임현숙, 임향신, 임한철, 임지영, 임종혁, 임종길, 임정은a, 임정은b, 임전수, 임수진, 임성빈, 임성무, 임선영, 임상진, 임명택, 임동현, 임덕연, 임금특, 이희승, 이희라, 이화숙, 이호진, 이혜정, 이혜숙, 이혜린, 이형환, 이형빈, 이현주, 이현준, 이현숙, 이현민, 이현, 이혁규, 이향숙, 이한진, 이태영a, 이태영b, 이태구, 이충익, 이충근, 이초록, 이창진, 이진희, 이진수, 이지숙, 이지혜, 이지영, 이지향, 이지영a, 이지영b, 이지연, 이준, 이준구, 이주희, 이주탁, 이주영, 이종찬, 이종은, 이정희a, 이정희b, 이정희c, 이정현, 이정윤, 이정연, 이정아, 이재형, 이재식, 이재두, 이장욱, 이인나, 이용훈, 이은희, 이은진, 이은주a, 이은주b, 이은주c, 이은숙, 이은영, 이은경, 이윤정, 이윤, 이윤숙, 이윤미a, 이윤미b, 이윤경, 이유진, 이월녀, 이원님, 이윤서, 이우진, 이유환, 이용석a, 이용상, 이용기, 이영화a, 이영화b, 이영호a, 이영해, 이영주a, 이영주b, 이영아, 이영선a, 이영선b, 이영상, 이연진, 이연주, 이연숙, 이연수, 이애영, 이아라마, 이신희, 이승헌, 이승태, 이승윤, 이승열, 이승연, 이승아, 이슬기, 이슬기, 이슬다, 이수정a, 이수석, 이소영, 이소진, 이선표, 이선율, 이선용, 이선영, 이선애, 이선미, 이상훈, 이상직, 이상원, 이상영, 이상미, 이상대, 이상균, 이분자, 이보선, 이보라, 이병준, 이병재, 이병곤, 이병회, 이민재, 이민아, 이민숙, 이민수, 이민동, 이미영, 이미애, 이미나, 이미, 이명형, 이매낭, 이동준, 이동희, 이동철, 이동춘, 이동별, 이동갑, 이도훈, 이도연, 이덕주, 이남숙, 이난영, 이나경, 이기정, 이기영, 이기규, 이근희, 이근철, 이근준, 이근영, 이균호, 이교열, 이광연, 이관형, 이계삼, 이경일, 이경신, 이경아, 이경림, 이건진, 이갑순, 윤용은, 윤지형, 윤종원, 윤우람, 윤영훈, 윤영인, 윤영백, 윤여강, 윤승용, 윤석, 윤상원, 윤병일, 윤규석, 윤소혜, 윤효성, 유은아, 유근자, 유근란, 위앙자, 원정혁, 원종희, 원윤희, 원성제, 우장숙, 우지영, 우완, 우성조, 우경숙, 오혜원, 오현진, 오중근, 오정희, 오정분, 오은정, 오은경, 오윤주, 오유진, 오승훈, 오세희, 오세연, 오세란, 오상철, 오민식, 오명환, 오동석, 오경화, 열희영, 여혜영, 엄정호, 엄지선, 엄재홍, 엄예숙, 엄기호, 엄귀영, 양희정, 양해준, 양지선, 양은주, 양윤신, 양영희, 양애정, 양선회, 양서영, 양상진, 양동기, 안효빈, 안혜초, 故 안혜영(명예조합원), 안찬원, 안지현, 안지윤, 안준철, 안정선, 안정민, 안재성, 안윤숙, 안용덕, 안옥수, 안순역, 안선영, 안상태, 안경화, 심향일, 심정아, 심은보, 심승희, 심수환, 심윤주, 심규장, 신희영, 신효국, 신혜선, 신종일, 신창호, 신상복, 신중휘, 신은정, 신은숙, 신은경, 신유준, 신영숙, 신소희, 신미옥, 신귀애, 신관식, 송화련, 송해란, 송현주, 송진아, 송정은, 송용희, 송승화, 송승준, 송국재, 송송이, 송근희, 손호만, 손현아, 손진근, 손재덕, 손영미, 손미영, 손명선, 성현주, 성현석, 성규면, 섬유진, 섭용혜, 설열문, 설은주, 설원민, 선미라, 석경순, 서혜진, 서혜원, 서정호, 서인선, 서은지, 서윤수, 서우철, 서예린, 서승일, 서맥숙, 서금규, 서근원, 서경홍, 서강선, 상병규, 복현수, 복준수, 변현숙, 변규석, 백홍미, 백현희, 백지연, 백인식, 백영호, 백승범, 백기열, 배희철, 배희숙, 배진희, 배주영, 배일훈, 배이상원, 배영진, 배아영, 배성호, 배기표, 배재남, 방은아, 방득일, 박석진, 박희연, 박효주, 박환조, 박혜숙, 박형진, 박형일, 박현희a, 박현희b, 박현주, 박혁숙, 박현선, 박해초, 박철웅, 박진환, 박진수, 박진교, 박지희, 박지홍, 박지인, 박지선, 박지나, 박준희, 박중욱, 박종하, 박조건형, 박정아, 박재만, 박재현, 박은아, 박은진, 박은경, 박욱희, 박용빈, 박옥주, 박옥균, 박영실, 박영미, 박영대, 박신자, 박숙현, 박수현, 박수진, 박수연, 박소영a, 박소영b, 박성현, 박성진, 박성영, 박성규, 박선희, 박선혜, 박선영, 박상준, 박복선, 박범이, 박민영, 박미희, 박미봉, 박명희, 박명숙, 박래준, 박덕수, 박대성, 박도해, 박나님, 박광식, 박고문, 박계도, 박경화, 박경남, 방은아, 득일, 박석진, 박희연, 박효주, 박환조, 박혜숙, 민예경, 민병섭, 미류, 문완식, 故 문홍빈(명예조합원), 문진숙, 문지훈, 문용석, 문영주, 문순창, 문순호, 문수현, 문승영, 문수경, 문예, 문성철, 문봉선, 문미정, 문맹순, 문경희, 모은정, 모영화, 명수민, 마연주, 마승희, 립보, 류봉우, 류방모, 류기대, 류재향, 류원정, 류수종, 류영애, 류지윤, 도경철, 도인정, 데와 타카유키, 노영필, 노영빈, 노삼경, 노미화, 노미경, 노경미, 남효숙, 남주형, 남유미, 남유경, 남예란, 남선우, 남미자, 남동현, 남궁영, 날맹, 나규환, 김회정, 김회욱, 김홍규, 김훈태, 김효경, 김효승, 김환희, 김홍규, 김혜진, 김혜영, 김혜민, 김혜림, 김형우, 김형영, 김형렬, 김형근, 김현진, 김현조, 김현정a, 김현정b, 김현영, 김현민, 김현옥, 김현경, 김현, 김현희, 김해경, 김해진, 김필영, 김태옥, 김춘성, 김창진, 김진희a, 김진희b, 김진명, 김진, 김지훈, 김지현, 김지영, 김지연a, 김지연b, 김지영, 김지미, 김지재, 김중미, 김준희, 김준연, 김준사, 김주기, 김종성, 김종경, 김종희, 김종우, 김정희, 김정숙, 김정섭, 김정삼, 김정규, 김정규, 김재황, 김재원, 김재민, 김장환, 김인순, 김이은, 김이민, 김민정, 김은회a, 김은회b, 김은파, 김은진, 김은정, 김은영, 김은아, 김은식, 김은숙, 김은희, 김은정, 김은창, 김윤주a, 김윤주b, 김용정, 김요자, 김윤우, 김유정, 김유미, 김우영, 김우, 김용훈, 김용양, 김윤섭, 김용만, 김용란a, 김용란b, 김용기, 김요한, 김옥숙, 김영롬, 김영일a, 김영일b, 김영선, 김영기, 김도형, 김도석, 김대성, 김다희, 김다영, 김남철, 김남표, 김기오, 김기연, 김규향, 김규태, 김규리, 김광명, 김교종호, 김경호, 김경일, 김경영, 김경연, 김경숙, 김경숙b, 김경미, 김경렬, 김가영, 김가연, 기호철, 기영환, 기세라, 금련석, 금영숙, 금명순, 권혜영, 권재영, 권지영, 권이근, 권선희, 국태성, 국현석, 구희숙, 구자영, 구수연, 교본회, 구미숙, 꽹이눈, 광홍, 곽혜영, 곽현주, 곽진경, 곽노현, 곽노근, 곽경미, 공현, 공은미, 공영아, 고진석, 고춘식, 고은정, 고종근, 고유하, 고영주, 고영아, 고병린, 고병연, 고민경, 강현주a, 강현정b, 강태식, 강진영, 강근회, 강이진, 강은정, 강영일, 강영구, 강순원, 강수미, 강수일, 강성호, 강성규, 강선희, 강석도, 강서형, 강봉구, 강병용, 강곤, 강경미, 강경모

※ 2015년 11월 16일 기준 1,069명

* 이 책의 본문은 재생 용지를 사용해서 만들었습니다.
* 자원 재활용을 위해 표지 코팅을 하지 않았습니다.